Moral und Technik bei der Veranlagung der preußischen Einkommensteuer.

Von

Dr. Franz Meisel,
Oberfinanzrat der k. k. Finanz-Prokuratur in Prag.

Leipzig,
Verlag von Duncker & Humblot.
1911.

Alle Rechte vorbehalten.

Altenburg
Pierersche Hofbuchdruckerei
Stephan Geibel & Co.

Inhaltsverzeichnis.

                                                                       Seite

I. **Einleitung.** (Steuergerechtigkeit, Einkommensteuer, Steuermoral und Steuertechnik.) . . . . 1—6

II. **Steuermoral?** (Ergebnisse der Beanstandung.). . . . . 7—29

III. **Der Fiskalismus und die legale Steuerentlastung.** (Die Ergebnisse des Rechtsmittelverfahrens.) . . . . 30—44

IV. **Die rechtswidrige Entlastung und das strafbare Unrecht.** (Die Ergebnisse des Strafverfahrens.) . . . . 45—66

V. **Die Stellungen und die Stärke der Parteien.** . . . . 67—82

VI. **Rückblicke.** . . . . 83—88

I.

Einleitung.

(Steuergerechtigkeit, Einkommensteuer, Steuermoral und Steuertechnik.)

Der Weg zur Steuergerechtigkeit, zur gleichmäßigen Verteilung der Steuerlast nach richtiger Steuerkraft und Leistungsfähigkeit, zu dem gleichen Opfer führt theoretisch in gerader Richtung direkt zum Ziele. Der Weg ist von der deutschen Finanzwissenschaft klar vorgezeichnet und gut ausgesteckt. Das Ziel und die Mittel, es zu erreichen, liegen klar vor uns. Theoretisch gibt es keine Schwierigkeiten. Praktisch stoßen wir auf zwei schwierige Punkte. Das erste große Hindernis hat unsere Technik überwunden, nicht im Sinne des Planes, nicht ohne Kompromisse.

Die Wissenschaft hat nachgewiesen, daß die Steuergerechtigkeit nicht mit einer einzigen Steuer, auch nicht mit der idealsten zu erreichen ist. Wegen der großen Massen der ökonomisch Schwachen mußte die gerade Richtung aufgegeben werden. Der Weg kann anfänglich wegen der Massen kein direkter sein; er mußte gerade am Anfange umgelegt werden. Wo die Kunst der Besteuerung mit Millionen von Steuerkräften rechnen muß, können wir das Ideal der gerechten Besteuerung hier, wie anderswo in der sozialen Gestaltung, nur nach Maß menschlicher Kräfte und Einrichtungen erreichen. Wir müssen uns an die Milliarden kleiner Aufwands- und Verkehrsakte halten und schließen aus den Ausgaben auf Steuerkraft, auf vorhandene Leistungsfähigkeit. Die Gerechtigkeitsbestrebungen laufen da auf recht bescheidene Forderungen hinaus, wie z. B., wenn wir verlangen, daß die zum Lebensunterhalte notwendigen Objekte von der indirekten Steuer freigelassen werden u. dgl. Wir rechnen heute in der Wissenschaft und Praxis mit der Notwendigkeit des indirekten Weges. Dabei verlieren wir das Ziel nicht aus dem Auge. Wir wehren uns aus Gründen der Gerechtigkeit, daß die indirekte Strecke nicht größer werde, als es praktisch notwendig erscheint. Diese

Bestrebungen führen uns immer wieder und immer mehr zu der Überwindung der zweiten Schwierigkeit zurück.

Diese Schwierigkeit ist eine technische. Alte und neue Technik waren bisher nicht imstande, sie zu überwinden, die **direkte Strecke für den allgemeineren Verkehr gefahrlos auszugestalten**. Die Schwierigkeit beginnt an der Stelle, wo der Weg über die Steuermoral führen soll, über die Steuerehrlichkeit, die wir nicht haben und vielleicht nicht haben können. So lange sich das Steuerrecht begnügt: mit Durchschnitten, Schätzungen, äußeren Merkmalen, mit indirekten Schlüssen auf Leistungsfähigkeit und Steuerkraft, gibt es keine großen Schwierigkeiten, aber auch keine Gerechtigkeit. Der junge Schmoller hat in seiner klassischen Untersuchung: „Die Lehre vom Einkommen in ihrem Zusammenhange mit den Grundprinzipien der Steuerlehre"[1] gezeigt, daß Gerechtigkeit ohne richtigen Maßstab nicht zu erreichen ist, daß es nur ein allgemeines, rechtes Grundmaß, das Einkommen, gibt, daß ein gerechtes Steuersystem nur auf der Einkommensteuer als Grundlage aufgebaut werden kann. Diese Lehre ist zum Dogma der neueren Wissenschaft geworden. Die Wissenschaft verwirft aus Gründen der Steuergerechtigkeit „die steifen, starren Ertragssteuern", die auf objektiven Grundlagen stets nur den durchschnittlichen Ertrag erfassen können.

Schmoller hat die schwache Seite der Einkommensteuer nicht verkannt. Die Unvollkommenheiten wird jedes Steuersystem, auch ein auf das Einkommen basiertes behalten, „das liegt in dem Wesen der menschlichen Dinge überhaupt." Wir wissen heute, warum an den Ertragssteuern so lange festgehalten wurde. Den Ertrag können wir sicher und untrüglicher als jedes Einkommen feststellen. „Das Einkommen läßt sich sicher nur nach gewissen äußeren Erscheinungen erfassen." Wer ein Einkommen aus festen, öffentlichen Dienstbezügen, aus dem Zinsertrage eines Hauses bezieht und nur dieses Einkommen besitzt, dessen Steuer werden wir zuverlässig finden. Wo wir aber das Einkommen aus den schwer durchsichtigen wirtschaftlichen Unternehmungen, aus verstecktem Kapitalbesitz finden sollen, da bleibt uns nichts übrig, als das Einkommen durch Bekenntnisse der Steuersubjekte feststellen zu lassen, die strenger Prüfung der Steuerorgane unterliegen. Je richtiger diese Bekenntnisse sind, je verläßlicher die Prüfung vorgenommen wird, desto vollkommener erscheint die Steuer. Besitzen wir damit eine gute Grundlage für die Einkommensfeststellung,

---

[1] Zeitschrift für die gesamte Staatswissenschaft, XIX. Bd., Jahrg. 1863.

so können wir leicht mit Freilassung der Kleinsten die kleineren Einkommen mäßig, die mittleren kräftiger und die großen voll unter Berücksichtigung individueller Verhältnisse mit progressiven Steuerstufen, mit Separatbelastung des fundierten Einkommens, durch Ertrags- oder Vermögensteuern gerecht und gleichmäßig besteuern. Theoretisch gibt es keine vollkommenere, gerechtere Besteuerung als die des freien Einkommens.

Aus den Erfahrungen der älteren Gesetzgebungen, aus den zahlreichen Versuchen der früheren Zeit hat die Finanzwissenschaft gegenüber dieser fast idealen Besteuerungsart ihre Bedenken und Zweifel niemals unterdrückt; sie hat gewarnt, sie hat nie übersehen, daß die Steuer nur dann gerecht sein kann, wenn das Einkommen zuverlässig richtig gefunden wird. Oberste Voraussetzung der Einkommensteuer ist die Ermittlung des ganzen Einkommens. Das subjektive Steuerbekenntnis des Steuersubjektes muß objektiv richtig sein. Ist es unrichtig, dann erscheint die Steuer doppelt ungerecht, weil nicht nur die Gerechtigkeit nicht hergestellt wird, vielmehr der Ehrliche voll und stärker, der weniger Skrupulöse lediglich nach dem Maß seines Gewissens, nach dem Grade der eigenen Steuermoral und Ehrenhaftigkeit getroffen wird. Und wenn wir wegen des unrichtigen Maßstabes die Durchschnittsbesteuerungen der Erträge verlassen wollten, so haben wir das Übel vermehrt, sobald wir mit Durchschnitten der Steuermoral vorlieb nehmen. Ein richtiges Steuerbekenntnis überreichen, heißt eine Steuer gewisser Höhe auf sich nehmen, sich selbst richtig besteuern. Von der Liebe zum Vaterlande auch in der Richtung, daß für die Bedürfnisse desselben so gesorgt wird wie für die Angehörigen, erzählt selten die Geschichte. Aber auch die Anständigkeit des geschäftlichen Verkehrs, daß wir unseren Verpflichtungen gerecht werden, daß der Gläubiger mit der Rechtlichkeit des Schuldners auf Treu und Glauben rechnen kann, ist im Besteuerungsprozesse verloren gegangen. Das sind allgemeine Erfahrungen, die wir in jeder Finanzwissenschaft konstatiert finden, die schwer statistisch zu beweisen sind. Der Mangel an Steuermoral ist eine alte Volkskrankheit. Er zeigt sich nicht nur bei den Kulturvölkern. In dem schönen Buche „Sonnige Welten"[1] erzählt das Ehepaar Selenka, daß die Eingeborenen auf Borneo den Maias (Orang-Utan) für ein verständiges Geschöpf halten, das sogar sprechen könne; wiederholt hörten die Reisenden die Behauptung, „diese Tiere

---

[1] Ostasiatische Reiseskizzen von Emil und Leonore Selenka, S. 56.

schwiegen nur aus Klugheit, um keine Steuern zahlen zu müssen". Für die Menschen der Kulturländer ist das Opfer, das ihnen die Steuerverheimlichung auferlegt, lange nicht so groß. Die besserungsfähigen Elemente bekämpfen, gewöhnlich nicht zu schwer, mit der Moral praktischer Leute die Gewissensunruhe, die Gewissensregungen; sie geben klein bei, wenn sie an einem schwachen Punkte des Bekenntnisses gefaßt werden. Die Besserungsbedürftigen lügen sich durch, manchesmal hinein.

Zur ersten Information in das so selten betretene Gebiet der Steuermoral und des Steuerstrafrechtes können wir die Lektüre von strafrechtlichen Entscheidungen empfehlen. Zur Psychologie der Steuererklärung sind die Urteilssprüche die zuverlässigsten Zeugen. Aber die Straffälle und die Kriminalstatistik beleuchten nur die Moral in einem engeren Kreise. Die „glücklichen" Gesetzesübertreter, die nicht gefaßt und deren Zahl nicht erfaßt werden kann, bleiben außer der Rechnung. Wir werden von den Differenzen zwischen Kriminal- nnd Finanzunrecht später zu handeln haben.

Mit der Verhütung des Unrechtes und mit dessen Bekämpfung beginnt die große Aufgabe der Steuertechnik. Der Staat hat im Steuerrechte nichts als die Macht und Kraft des Gesetzes und der Steuerorgane. Mit der Technik hat sich die Wissenschaft wenig beschäftigt. Die Praxis der Besteuerung ist und war auf eigene Kraft angewiesen. Und die Resultate der modernen Einkommensteuergesetze? Unsere Meister sind mit den erzielten Erfolgen, namentlich der preußischen Einkommensteuer, zufrieden; wir werden ihren Urteilen in der vorliegenden Arbeit begegnen; sie legen an das Ganze den steuerpolitischen Maßstab; sie freuen sich des Fortschrittes und namentlich der großen Erträgnisse der preußischen Einkommensteuer. Die interessanten Überraschungen, die die preußische Veranlagung der Theorie und Praxis bereitet hat, werden uns genügend beschäftigen. Auch die Erfahrungen, die wir in Österreich mit dem der preußischen Type nachgebildeten Gesetze gemacht haben, sind genügend groß, um zu einem Urteile zu kommen. Da hatte auch dieses Land endlich die Steuer, die den theoretischen Prinzipien entspricht, und die es bei den einseitigen, starren, durch die kommunalen Zuschläge unleidlich gewordenen Ertragssteuern und bei dem Übermaß an indirekten Steuern so dringend nötig hatte. Diese beiden Steuergattungen sind kein bloßer Schönheitsfehler des Steuersystems; sie machen die Besteuerung zu einer ungleichmäßigen und daher ungerechten. Und der Erfolg der Einkommensteuer in Österreich?

Wir sind nach zwölfjähriger Geltungsdauer des Einkommensteuer=
gesetzes wieder um eine Hoffnung ärmer. Der Steuererfolg bleibt,
je älter die Steuer wird, desto mehr hinter den Erwartungen zurück.
Wir sehen nur einen Fortschritt in den Einkommenssummen aus
Dienstbezügen. Von dem Gesamtbruttoeinkommen betrug das Ein=
kommen aus Dienstbezügen, das einzige, das offen da liegt und kaum
zu verheimlichen ist, im ersten Jahre der Veranlagung 1898 34,29%,
im Jahre 1908 39,84%. Das bis zu einer nicht bedeutenden Fehler=
grenze richtige Einkommen aus Gebäuden ging etwas zurück; von
10,37 auf 9,83% des Gesamtbruttoeinkommens. Ein ebenso gering=
fügiger Rückgang ist bei dem Einkommen aus selbständigen Unter=
nehmungen zu verzeichnen: 28,72 (1898), 28,11% (1908). Das
Einkommen aus Grundbesitz ging von 8,28 auf 7,24% und jenes
aus Kapitalvermögen stetig von 16,16% des ersten Jahres auf
13,57% zurück! Dem Bruttoeinkommen aus Dienstbezügen des
Jahres 1908 von etwas über 1700 Millionen Kr. steht das Ein=
kommen aus Kapitalvermögen von etwas mehr als 579 Millionen
und das Einkommen aus Industrie und Handel von nicht ganz
1200 Millionen Kr. gegenüber! Diese Zahlen tragen die Unrichtig=
keit der Veranlagung in sich; sie brauchen keine Beleuchtung; sie
sind eine Karikatur des Bildes, das das österreichische Ein=
kommen der oberen Schichten vorstellen soll. Selbstverständlich ist
die Gesamtzahl der Zensiten, selbstverständlich sind das Einkommen
und die Steuersumme gestiegen. Und wenn wir nicht so Schiff=
bruch gelitten haben, wie unter der Herrschaft der nominellen Ein=
kommensteuer von 1849, wie bei den Versuchen der direkten Personal=
steuergesetze der früheren Jahrhunderte, so liegt das einzig und allein
in der Technik, soweit sie gebessert wurde. In der Hauptsache hat
die Technik versagt. Dieselbe Technik, die in Preußen so große
Erfolge errungen hat. Wo liegt der Fehler? In der verschiedenen
Größe des Volkseinkommens hier und dort? Das Einkommen des
österreichischen Volkes kennen wir nicht; es ist eine Größe, deren
Berechnung von so und so vielen Unbekannten abhängt. Deshalb
haben uns die verdienstvollen und interessanten Untersuchungen, die
die Ergebnisse der ersten Veranlagungen in Österreich mit denen
in Preußen verglichen haben, keine bestimmt lautende Antwort
gegeben.

Liegt der Fehler in den Menschen, die die Steuer einbekennen
und die sie veranlagen? Ist ein Steuergesetz technisch gut, so muß
es die Kraft haben, in einem geordneten Staatswesen den steuer=

politischen Gedanken und das konkrete Steuerrecht im Rechtsleben zu verwirklichen.

Die beste Garantie für die Verwirklichung des Rechtes bieten die Normen, die Strafrechtssätze und die Strafen. Ich habe das österreichische Recht, in den Hauptsachen die reine Nachbildung des preußischen Strafrechts, dogmatisch untersucht[1] und gefunden, daß dieser Apparat nicht funktionieren und die Normen nicht verwirklichen kann. Woher also dennoch die preußischen Erfolge?

Bei den Studien zu dieser Frage bin ich auf ein kostbares Material gestoßen, das in den „Mitteilungen aus der Verwaltung der direkten Steuern im preußischen Staate" veröffentlicht ist. Diese Quelle entspringt an einer uninteressanten Stelle. Die Mitteilungen sind ein bescheidenes Organ des Finanzministeriums, das der Praxis die Finanzverfügungen, Entscheidungen der Gerichte, Verordnungen in Kassensachen, in Beamtenangelegenheiten und andere Notizen vermittelt. Für die Veröffentlichung dieser statistischen Nachweisungen hat die Wissenschaft bis jetzt kaum gedankt. In den neuesten finanzwissenschaftlichen Publikationen finden wir da und dort ein und die andere Ziffer und die Bezeichnung der Quelle.

Und doch scheinen mir diese Veröffentlichungen vom höchsten Werte, weil sie in die Veranlagung hineinleuchten und uns ein gutes Bild der hauptsächlichen Vorgänge ermöglichen.

Die deutsche Finanzwissenschaft, der wir in der theoretischen Erkenntnis der finanzwirtschaftlichen Wahrheiten und Probleme so viel zu verdanken haben, hat die Technik der Veranlagung vernachlässigt. Zwei Männer haben begonnen, Wagner und Schäffle, wenige haben weitergebaut.

Es fehlt an Interesse, weil die Bedeutung der Technik nicht gewürdigt wurde. Und so mangelt es wegen des fehlenden Interesses an arbeitsfrohen Männern; so wäre es zu erklären, daß der Schatz bisher nicht gehoben wurde.

Dieses kostbare Material will ich im folgenden beschreibend vorführen und aus der Sache erklären. Was die Technik der preußischen Einkommensteuer leistet, welche Hindernisse sie zu überwinden hat, welche Erfolge sie erzielt, das zu zeigen, habe ich mir zur Aufgabe gesetzt. Ich vermeide Kritik und Reformvorschläge. Das ist der weitere, gewiß auch der schwierigere Weg zur Erforschung

---

[1] Das Strafrecht der österreichischen Einkommensteuer. Finanzarchiv. XIX. Jahrg. 2. Bd.

der Lehre von der Technik der Einkommenbesteuerung. Wenn wir in dem „Strafrechte der österreichischen Einkommensteuer" die Frage aufgeworfen haben: ist die Technik der modernen Einkommensteuer so unvollkommen, weil die Theorie sich so wenig mit den Fragen der Durchführbarkeit und der Durchführung beschäftigt hat, oder stellt das Problem an die Kraft und den Scharfsinn des Gesetzgebers schwerste Aufgaben, so können wir nach Abschluß dieser Untersuchung die Antwort geben. Wir stehen vor den schwierigsten Problemen, die an die moderne Staatsverwaltung bisher gestellt wurden. Es ist eine fast übermenschliche Aufgabe bei unserer Rechts- und Wirtschaftsordnung, das mehr oder weniger unbekannte Einkommen von mehreren Millionen Menschen eines Staates nach vorhandener Leistungsfähigkeit mit den beschränkten staatlichen Mitteln gerecht und richtig festzustellen.

Daß dies den Männern der Praxis ohne wissenschaftliche Forschung und Führung nicht gelingen kann, erscheint jedem klar, der die Geschichte unseres modernen Rechtes kennt. Nur mit Hülfe unserer Rechts- und Staatswissenschaft sind ähnlich große Werke vollbracht worden. Wir glauben an die Lösung der technischen Fragen mit Hülfe der Wissenschaft. In dieser Zuversicht sehen wir die „Zukunft der Einkommensbesteuerung" in anderem Lichte, als die Besteuerung der Gegenwart. Mit einer solchen Steuer erst werden wir unser heutiges Ideal, die gleichmäßige Verteilung der Steuerlast nach richtiger Steuerkraft und Leistungsfähigkeit, erreichen, und dann den direkten Weg zur Steuergerechtigkeit auch praktisch ausbauen können.

II.

Steuermoral?

(Die Ergebnisse des Beanstandungsverfahrens.)

Unser positives Wissen von den Größen- und Stärkeverhältnissen der Steuerkräfte und der staatlichen Macht in der Steuerveranlagung ist in der Regel ein recht bescheidenes. Wir vergleichen die Ergebnisse der Veranlagung eines Landes mit der eines zweiten, einer Stadt mit einer anderen gleicher Größe; wir berechnen, daß da ein bestimmter Betrag auf den Kopf entfällt und dort auf die gleiche Einheit eine kleinere oder größere Summe. Wir berücksichtigen die einflußnehmenden Faktoren, stellen sie in die Gleichung und finden, daß die Moral, die Veranlagung in einem Staate gut, in dem anderen schlecht ist.

Wir möchten dazu an das Beispiel erinnern, mit welchem Aufwand von Sachkenntnis und Mühe die Resultate der Veranlagung der Einkommensteuer in Preußen und in Österreich verglichen wurden. Von der erzielten Einkommensteuersumme ist man ausgegangen, hat den Zusammenhang und die Ursachen gesucht und mehr oder weniger festgestellt und daraus die Folgerungen auf Moral und Technik gezogen. Das preußische Finanzministerium hat mit der Veröffentlichung seines Materials über die Bekenntnisse und ihre amtliche Prüfung uns eine Statistik zur Verfügung gestellt, mit der die Steuerehrlichkeit der Steuerkräfte und die Güte der Veranlagungsarbeit direkt gemessen werden kann. Diese Statistik gibt uns ein Bild der Veranlagung, das wir in der folgenden Tabelle mit Hinweglassung des Überflüssigen reproduzieren:

Tabelle I.

Jahr	Summe der abgegebenen Steuererklärungen	Von den Steuererklärungen sind nach Erörterung berichtigt worden		In der Veranlagung wurde erzielt ein Mehr gegenüber den berichtigten Erklärungen		In Prozenten mehr veranlagt	
		Anzahl	%	an Einkommen Mk.	an Steuer Mk.	Jahreseinkommen	Einkommensteuer
1900	506 229	127 034	25,1	230 935 840	7 901 000	28,6	33,9
1901	537 152	133 256	24,8	262 021 813	9 310 960	30,9	38,0
1902	555 343	138 328	24,9	249 346 074	8 382 724	28,2	32,5
1903	567 412	135 505	23,9	198 213 280	6 469 654	26,1	30,3
1904	593 836	142 778	24,0	213 171 495	6 921 440	27,2	31,8
1905	624 530	148 244	23,7	230 790 658	7 632 097	28,4	34,0
1906	647 932	151 967	23,5	245 941 113	7 970 664	29,2	34,1
1907	705 263	160 159	22,7	303 482 179	10 129 848	30,4	35,2
1908	738 363	175 255	23,7	330 157 406	10 928 523	30,5	34,9

Was sagen uns diese Zahlen? Ohne nähere Untersuchung, fast auf den ersten Blick können wir zweierlei Tatsachen feststellen. Eine überraschend große Summe von unrichtigen Steuererklärungen, dann eine intensive, erfolgreiche Tätigkeit der Steuerorgane!

Anfänglich[1] wird jede dritte, später und jetzt fast noch jede vierte Fassion beanstandet; von diesen bemängelten Steuererklä-

---

[1] Vgl. für die Jahre 1898 und 1899: Mitteilungen Nr. 38, S. 97 und Nr. 40, S. 68.

rungen halten nach dem Texte der „Mitteilungen" im Durchschnitt 21,7 % der Prüfung stand, in 78,3 % ist die Bemängelung richtig; das einbekannte Einkommen ist im Durchschnitte weit über ein Viertel zu gering deklariert. Im Veranlagungsverfahren werden gegenüber den Steuererklärungen m e h r veranlagt an Jahreseinkommen im Jahre 1898 die geringste Summe von mehr als 184 1/8 Mill. Mk., im Jahre 1901 262 Mill. Mk., im Jahre 1906 fast 246 Mill. Mk., im Jahre 1907 fast 303,5 Mill. Mk., im Jahre 1908 über 330 Mill. Mk. Das so erzielte, geringste Plus an Steuer stellt sich in drei Jahren mit mehr als 6 Mill. Mk. dar, das höchste Erträgnis der amtlichen Prüfung zeigt das Jahr 1908 mit fast 11 Mill. Mk.

Der Prozentsatz der mehr veranlagten Steuer sinkt überhaupt nicht unter 30 %, das Minimum zeigt das Jahr 1903 (30,3 %), das Maximum 1901 (38 %). Vom Jahre 1905 kann der Staat mit einer Steigerung der Steuerleistung infolge amtlicher Prüfung von mehr als 34 % rechnen.

Gehen wir an eine genauere Prüfung der Zahlenreihen, so müssen wir von den nicht bemängelten, also für richtig erkannten einen großen Posten an Steuerfassionen ausscheiden, die auch bei einem schlechten und mangelhaften Willen gar nicht unrichtig sein können. Ich denke an das Einkommen, das nicht nur aus offener Quelle fließt, dessen Menge auch bis auf Heller und Pfennig bekannt ist. Es ist das absolut kontrollierbare Einkommen[1], offenliegend, offenkundig; es gibt kein Unrecht, keine Zweifel und Anstände. Hierher zählen wir obenan die Besoldungen der im öffentlichen Dienste stehenden Personen. Nebeneinkommen aus Nebenbeschäftigungen und anderen Einkommensquellen, namentlich aus Kapitalvermögen, sind in der Regel nicht vorhanden. Die Wirtschaftsführung, das Haushaltungsbudget schließen sich eng an die feste Besoldung; der offenliegende Aufwand für Wohnungszwecke deutet mit ziemlicher Gewißheit auf die Existenz der einzigen oder aber einer zweiten Steuerquelle. Ich will nicht einmal behaupten, daß bei den öffentlichen Beamten die Steuermoral infolge der Berufsstellung eine bessere ist als in den gleichen Schichten der anderen Bevölkerung; aber dort, wo das Nebeneinkommen nicht so sicher kontrollierbar ist, wie bei den Dienstbezügen, erscheint das Risiko des Steuerunrechtes doch ein größeres. Zieht man nun von der Gesamtsumme der abgegebenen

---

[1] Vgl. mein Unrecht und Zwang im Finanzwesen. Finanzarchiv V. Jahrg., 1. Bd., S. 22 ff.

Steuerfassionen jene bedeutende Zahl ab, die das Einkommen dieser Klasse von Steuerpflichtigen betrifft, so wird der Prozentsatz der beanstandeten Erklärungen ein wesentlich höherer, d. h. die Bemänglung der restlichen Fassionen ist noch eine viel allgemeinere. Ein zweiter Punkt, den wir unserer kritischen Auslegung des Ziffernmateriales voranschicken müssen, betrifft die Höhe des einbekannten Einkommens. In der veröffentlichten Statistik sind die Steuererklärungen in zwei Rubriken getrennt. In der ersten erscheint die Zahl der Erklärungen, die nach § 24 (jetzt nach der neuen Fassung des Gesetzes § 25) bei Einkommen über 3000 Mk. nach allgemeiner Aufforderung abgegeben werden. Die zweite enthält die Zahl der Erklärungen, die nach § 25 (jetzt § 26) zur Abgabe infolge besonderer Aufforderung des Vorsitzenden der Veranlagungskommission geliefert werden. Es sind diejenigen Steuersubjekte, die mit einem Einkommen von mehr als 3000 Mk. bisher zur Einkommensteuer nicht veranlagt sind, sei es, daß sie bisher aus irgend einem Grunde zur Einkommensteuer nicht herangezogen waren oder mit einem Einkommen unter 3000 Mk. veranlagt erscheinen. Wir können aber nicht sagen, daß die Steuerpflichtigen, die unter die zweite Rubrik auf Konto des § 25 fallen, nur die kleinen Leute mit Einkommen unter 3000 Mk. sind. Es wäre auch mit der separaten Behandlung nichts gewonnen, weil die Unterscheidung nach den Kriterien der §§ 24 und 25 E.G. in den anderen Rubriken und Tabellen fehlt. Und doch ist die Frage, ob kleines oder großes Einkommen nicht richtig einsteuert, von größter Wichtigkeit. Der erklärende Text, der unsere Tabellen begleitet, kommt auf diesen Punkt immer wieder zurück. Von der Beanstandung werden nicht etwa nur die Steuerpflichtigen mit geringerem oder mittlerem Einkommen betroffen; die Tätigkeit der Steuerorgane richtet sich gegen die Steuersubjekte aller Stufen. In dieser Frage ist der Hinweis geradezu entscheidend, daß die veranlagte Einkommensteuer von den mit Erfolg berichtigten und beanstandeten Jahreseinkommen einen Satz von fast 3% oder fast genau denselben Prozentsatz ergibt, der an Steuer von dem gesamten Einkommen über 3000 Mk. im Durchschnitte aufkommt. Also nicht nur kleines Einkommen, nicht nur jene Steuerträger kommen in Frage, von denen man sagen kann, sie kennen die Höhe ihres Einkommens, den Wert des eigenen Haushaltungsverbrauches nicht. In diesen untersten Schichten, bei den kleinen Gewerbetreibenden und Landwirten, die erfahrungsgemäß keine Bücher führen, da können wir den Mangel an Verständnis von wirtschaftlichen, in

Ziffern umsetzbaren Tatsachen voraussetzen und brauchen nicht an bösen Willen zu denken[1]. Unsere Aufgabe wäre eine wesentlich einfachere, wenn wir diese kleinen Einkommen ganz ausscheiden könnten. Die Regierung wird sich gewiß zu einer Erbreiterung des Materiales verstehen, wenn erst die Theorie die Wichtigkeit dieser Statistik für die Erkenntnis der Gesetzestechnik betonen wird.

Durch neun Jahre (1900—1908) liegt ein gleichmäßig registriertes Material vor. Im Durchschnitte werden 24% der abgegebenen Steuerfassionen im Verfahren mit Erfolg berichtigt. Die Höhe der bemängelten Erklärungen ist eine weit höhere. Mehr als 78% der beanstandeten Fassionen haben den bedeutenden Erfolg in dem Plus an Jahreseinkommen und an veranlagter Steuer erbracht. Wo liegt der Grund, wenn fast jede vierte und jede fünfte Fassion unrichtig erscheint? Ist es die Mangelhaftigkeit des Gesetzes oder die der Veranlagung? Ist es bei den Steuerpflichtigen der Mangel an gutem Willen oder an ausreichendem Können? Im konkreten Falle wird der juristische Techniker, der diese Fragen beantworten soll, nach dem Tatbestande unterscheiden. Dort, wo die Strafbarkeit eintreten soll, wird er mit dem Gesetzesverständnis rechnen müssen. Hängt die Frage der Schuld mit Gesetzesunkenntnis oder mit dem Wissen und Wollen des Unrechtes zusammen, so wird man im einzelnen Falle mit der Klarheit, Durchsichtigkeit, Vollständigkeit der betreffenden gesetzlichen Bestimmung operieren müssen.

An dieser Stelle soll von der Einzelerscheinung, von dem Unrechte, das Strafe nach sich zieht, nicht die Rede sein. Wir müssen uns zuerst über die allgemeinere Frage klar werden, ob das Steuergesetz von der Masse, der es befiehlt, in der Hauptsache verstanden werden kann. Da belehren uns die einzelnen Steuergesetze und die Statistik, daß nicht das gesamte Volkseinkommen, sondern aus Gründen der Steuergerechtigkeit und Klugheit ein recht eingeschränkter Kreis von Steuersubjekten von der Einkommensteuer berührt wird. In aller Herren Länder ist es nur die Spitze der Pyramide, ein mehr oder weniger nicht zu großer Teil des Volkes, die oberen und obersten Schichten. Für unsere Untersuchung fällt noch der breite untere Durchschnitt, die Einkommen bis zu 3000 Mk., zu einem großen Teile weg; denn unmittelbar aus dem Gesetze sind zur Steuererklärung nur die Einkommen über diesen Betrag verpflichtet. Kann der Gesetz-

---

[1] Vgl. mein Strafrecht der österreichischen Einkommensteuer, Finanzarchiv XIX. Jahrg., 2. Bd., S. 28.

geber von den Vollkaufleuten, von den größeren Betrieben der Landwirtschaft und Gewerbe nicht verlangen und voraussetzen, daß sie ihr Einkommen ziffernmäßig kennen? Und wenn von einem Teile dieser Wirtschaften und manchen liberalen Berufen in Wirklichkeit anzunehmen ist, daß sie keine Bücher und Aufzeichnungen führen, so sollte man meinen, daß die Pflicht, an einem Tage des Jahres das Einkommen ehrlich zu bekennen, sie zur Aufzeichnung des Einkommens führen wird. Und wenn es nicht sofort geschieht, so müßte es das nächste Mal geschehen, nachdem das Steuerorgan an die Pflichterfüllung gemahnt oder das Steuersubjekt erkannt hat, es gehe nicht ohne Übertretung der Gesetzespflicht oder ohne Kollision mit dem mahnenden Gewissen. Schließlich gehören diese Steuersubjekte einem Kreise an, der gewöhnt ist, gesetzlichen Pflichten nachzukommen und sich mit dem Rechte nicht in Widerspruch zu setzen. Nicht gerade immer aus ethischer, innerer Überzeugung, sondern aus Klugheit und Vorsicht, aus Scheu, mit dem Gesetze in Kollision zu kommen.

Die Zumutung der Norm, sein Einkommen richtig anzugeben, ist auch für diejenigen Zensiten, denen am Jahresschluß das Einkommen nach Regeln ordentlicher Buchführung nicht klar vorliegt, keine Unmöglichkeit. Endlich will ich doch auch daran erinnern, daß unsere Bestrebungen auf dem Gebiete des Schulwesens, namentlich der Fortbildung in gewerblichen und landwirtschaftlichen Fachschulen, wohl schon heute ihre Früchte tragen müßten. Unsere Generation kann doch bei diesen Kreisen schon mit Kenntnissen rechnen, die über das Maß der Volksschule hinausgehen. An mangelhafte Kenntnis der richtigen Einkommensziffer, dann an Rechtsunkenntnis bei dem größten Teile der beanstandeten Bekenntnisse kann man nicht glauben. Dieses Urteil habe ich mir nicht leichtfertig gebildet.

Selbstverständlich ein paar Tausend total unwirtschaftliche Existenzen, die zu einer wirtschaftlichen Ordnung nicht zu bringen sind, materiell und formell, dann natürlich die zerstreuten oder außerhalb der Weltsorgen lebenden Gelehrten und Künstler und dergleichen. Die Frage von der Kenntnis des Einkommens ist überaus wichtig. Von der juristischen Seite kommen dann die Bedenken bei der Steuer, noch mehr bei der Strafe. Es ist nichts als das Mäntelchen für einen Schmutzfleck. Beobachten wir doch den kleinen Landwirt oder Gewerbsmann, wenn er etwas zu fordern oder über etwas als Zeuge auszusagen hat; wie gut ist das Gedächtnis und wie verläßlich die Aufschreibungen. Beobachten wir nur genau und ehrlich! Nicht nur die Volksseele, auch die Einsichtigen und Gebildeten beurteilen die

Steuerpflicht anders als sonstige Schuldverpflichtungen. Die historische Entwicklung, eine ganze Reihe von Momenten, die wir in dieser Arbeit nicht darzulegen haben, die ethische und soziale, die technische und rechtliche Seite und nicht zuletzt die große Steuerlast unserer Tage und die schlechte Verteilung erklären uns die Hinneigung zur Steuerunehrlichkeit. Es klingt besser, wenn wir zur Aufklärung sagen, die Steuerkräfte kennen ihr Einkommen nicht, das Steuergesetz ist unklar; wir kommen aber der Wahrheit viel näher, wenn wir dartun, warum die Steuermoral eine schlechte ist, warum sie schwer eine gute sein kann. Die Technik des preußischen Gesetzes ist eine recht primitive; wir werden den Mängeln in jedem Kapitel begegnen. Das größere Übel liegt auf der materiellen Seite. Die kommunalen und kirchlichen Zuschläge[1] nützen die staatliche Einkommensteuer aus; sie machen sie zu einer schweren Last[2]. Und dazu die Realsteuern und die Ergänzungssteuer; von den indirekten schweigen wir. Da hätte Preußen aus den Erfahrungen Österreichs lernen sollen. Die Diagnostik und die Pathologie des Finanzunrechts setzt die Kenntnis vom kranken Organismus voraus. Mit diesen Lehren hat sich die ältere und neuere Finanzwissenschaft nur wenig beschäftigt. Über das Grundübel herrscht Einmütigkeit. Hohe Steuern und eine starke Reaktion! Die Umgehung soll die Korrektur der übermäßigen Höhe des Steuersatzes bilden[3].

---

[1] In 663 preußischen Gemeinden steigt der kommunale Zuschlag zur Einkommensteuer auf mehr als 150, in 231 auf mehr als 200, in 74 auf mehr als 250, in 14 auf mehr als 300, vereinzelt bis auf 425 %. Die kirchlichen Steuerzuschläge betrugen in 103 evangelischen und 153 katholischen Kirchengemeinden mehr als 100 %, in 14 evangelischen und 18 katholischen mehr als 200 % der Staatssteuer (Zusammenfassung des Reichsschatzamtes zum Denkschriftenband, S. VIII). Vom 1. April 1909 trat ein ziemlich hoher staatlicher Zuschlag zur Bereitstellung von Mitteln zu Diensteinkommensverbesserungen hinzu.

[2] Gerloff, in seinen „Beiträgen zur Reichsfinanzreform" (Jahrbuch für Nationalökonomie und Statistik, III. F. 37. Bd. S. 456), berechnet die Belastung des Einkommens in der Höhe

von 1200— 2000 Mk. mit	3,8 %,	von 30 000— 50 000 Mk. mit	9,0 %,
= 2000— 4000 =	= 4,8 =	= 50 000—100 000 =	= 11,0 =
= 4000— 6000 =	= 6,8 =	= 100 000—200 000 =	= 11,0 =
= 10000—30000 =	= 8,5 =	über 200 000	= 12,0 =

[3] Vgl. meine „Beiträge zur Lehre vom Finanz-Unrechte" (Zur Reform des österreichischen Finanz-Strafprozesses), S. 45.

Wenn ein Fuisting lehrt, man müsse bis zum Beweise des Gegenteiles der Steuererklärung glauben, weil sie unter der Versicherung abgegeben wird, daß die Angaben nach bestem Wissen und Gewissen gemacht sind, so hat er fein juristisch abstrahiert und interpretiert; dem wirklichen Rechtsleben ist sein Lehrsatz nicht entnommen. Wo bleibt denn das beste Wissen, wo steckt das Gewissen, wenn 24 % der Fassionen evident unrichtig sind.

Von ihren Irrtümern läßt sich eine ganz respektable Zahl sogleich in aller Ruhe und Güte überzeugen. Unsere Nachweisungen sprechen und unterscheiden von Berichtigungen der Fassionen, die einmal im Wege der Verständigung, dann auf dem der förmlichen Beanstandung zustande kommen. Für das Jahr 1899 erscheinen die Resultate der beiden Methoden gesondert nachgewiesen. Vom folgenden Jahre werden dann diese Ergebnisse kumuliert; der begleitende Text meint, daß sich die Trennung in der Praxis nicht immer genau feststellen läßt. Das ist einleuchtend. Das ganze Verfahren ist doch nur ein summarisches, ein recht notdürftiges. Von dem reichen, kunstvollen Aufbau eines modernen Zivil- oder Strafprozesses finden wir kaum Spuren. In diesem Steuerverfahren kann man den Anfang und das Ende, nicht die einzelnen Stadien fest unterscheiden. Bei der Veranlagung im Jahre 1899 wurde zum ersten Male allgemein angeordnet, die gegen den Inhalt der Steuererklärung obwaltenden Bedenken zunächst im Wege der Verständigung mit dem Steuerpflichtigen zu beheben. Praktisch mag diese Verfügung sein; ob sie rechtlich unbedenklich ist?

Der Versuch, die gütliche und förmliche Beanstandung in den Ziffernreihen auseinander zu halten, hört vom Jahre 1900 an auf und nur der Text erwähnt die Zahl der gelungenen gütlichen Verständigungen. Von den abgegebenen Steuererklärungen wurden im Wege der Verständigung berichtigt:

```
im Jahre 1899 . . . . . . 29 727
   =    1900 . . . . . . 22 379
   =    1901 . . . . . . 24 789
   =    1902 . . . . . . 25 049
   =    1903 . . . . . . 22 948
   =    1904 . . . . . . 23 809
   =    1905 . . . . . . 24 535
   =    1906 . . . . . . 23 476
```

Was bedeuten diese Zahlen zur Psychologie der Steuererklärung? Die abgegebenen Fassionen ergeben Bedenken gegen ihre Richtigkeit.

Diesem gibt das Steuerorgan Ausdruck. Nun wird es dem einen oder anderen Steuersubjekte sofort gelingen, durch Anführung von Tatsachen das Bedenken zu beheben; in anderen Fällen wird es nicht gleich, sondern nach Vorführung von Beweismitteln geschehen. Und je nach der mehr oder minder förmlichen Art dieser Verhandlung zwischen Amt und Partei spricht man von einfacher Verständigung oder förmlicher Beanstandung. In den Fällen, die in unserer Tabelle registriert sind, gelingt es dem Steuerpflichtigen nicht, das Steuerorgan zu beruhigen.

Das fatierte Einkommen bleibt strittig. Unsere Ziffern unterscheiden folgende Fälle. Im Wege der Verhandlung gelangt man zu einer Summe, mit der beide Teile sich beruhigen. Der Streit ist beendet. Die Steuererklärung ist im Wege der Verständigung berichtigt worden. Ohne jeden Zweifel sind unter diesen Friedfertigen eine Anzahl, die jedem Streite aus dem Wege gehen, den Gang zur Behörde, die Kosten des Anwaltes, den Steuerprozeß scheuen, die ihrer Bequemlichkeit und Ruhe ein kleines Opfer bringen; gewiß aber auch solche, die bei schlechtem Gewissen froh sind, mit einer kleinen Zugabe zu dem fatierten Einkommen davon gekommen zu sein. Das Steuerorgan wird dem Vergleiche zustimmen, wenn es im Wege der förmlichen Bemängelung keinen besseren Erfolg erzielen zu können glaubt. Niemand besser als der staatliche Funktionär kennt die beschränkte Macht der Finanzverwaltung, die Einkommensverhältnisse der Privatwirtschaft genau zu beurteilen. Dieser Punkt wird uns später vollauf beschäftigen.

Hier genügt es, darauf zu verweisen. Die eingesammelten Nachrichten sind im konkreten Falle mager, im Beanstandungs- und Beweisverfahren kommt nicht viel heraus, das Steuerorgan begnügt sich mit einem mehr oder weniger hohen Mehr an steuerpflichtigem Einkommen und schließlich ist der Fall nicht ungünstig beendet. Das ist so ungfähr der Gedankengang — das vernünftige, pflichtgemäße Ermessen. Unsere Rubrik erfährt im Jahre 1907 wieder eine Änderung. Die Fassionen sind „nach Erörterung berichtigt" worden. Die technische Beanstandung verschwindet aus der Rubrik am Kopfe; man „erörtert" die Höhe des fatierten Einkommens. 10 000 sind aus den und jenen Gründen zu wenig; 15 000 zu viel; man einigt sich auf 12 000. An dieser Stelle wäre nur eine Seite der Frage stärker zu betonen. Der Vergleich spielt im Privatrecht einen erfreulichen Vermittler; er erspart die Durchführung des Prozesses. Dem öffentlichen Recht ist das Kompromiß nicht fremd, seine Rolle ist gering und erhebt sich erst wieder im öffentlichen Vermögensrechte zur Bedeutung. Bei der indirekten Steuer begegnen wir der einverständlichen Vereinbarung bei der Abfindung und Pauschalierung der Aufwandsteuer, bei der Wertfestsetzung im Bereiche der Verkehrssteuer und merkwürdig genug — bei den Geldstrafen. Bei der feinstorganisierten Steuer, bei der Einkommensteuer, sollte prinzipiell von einem Kompromisse nicht die Rede sein. Nicht um Durchschnitte, nicht um Wahrscheinlichkeiten, sondern um die Wahrheit und Richtigkeit des Einkommens dreht sich das Verfahren bei der modernen Einkommensteuer. Die preußische Klassen- und klassifizierte Einkommensteuer vom 1. Mai 1851 und 25. Mai 1873 mit der unzureichenden Erfassung der Kapitalsrente und mit dem ungenügenden Veranlagungsverfahren, das nur freies Ermessen und Rücksichten der Billigkeit kannte, dem das tiefere und lästige Eindringen in die Vermögens- und Einkommensverhältnisse der Steuersubjekte fremd war, hatte keinen richtigen Boden für die Rechtsschutzfragen, dafür aber breiten Raum für Kompromisse[1]. Die ebenbürtige Zeitgenossin, die österreichische Einkommensteuer vom Jahre 1849, war im Steuersatze hart, mit den Zuschlägen drückend und unerträglich. Mit der primitiven Technik konnte der Steuerinspektor nicht viel ausrichten, weder im bürgerlichen noch im Strafrechtswege. Die Schwäche hatte das Steuerpublikum bald weg und die Folge war, daß die meisten Fassionen fast nur Steuerlügen enthielten. Wir haben angenommen[2], daß drei Viertel der Fassionen falsch waren; wir sind bei der Schätzung eher zu niedrig, als zu hoch gegangen. Und diese Bekenntnisse waren „an Eides Statt unter der Treue eines redlichen Staatsbürgers nach bestem Wissen und Gewissen" (§ 14 Einkst. Pat.) auszufertigen. Fast durch 50 Jahre konnte das Gesetz sein Dasein fristen. In echt österreichischer Gemütlichkeit haben Steuersubjekt und Steuerinspektor das Gesetz beiseite gelassen und eine andere, beiden genehme Grundlage gefunden. Darüber ist die Literatur in Österreich einer Meinung, und auch Schäffle[3] sagt: „Steuerträger und Steuerbehörde bieten

---

[1] Vgl. namentlich Wagner, Finanzwissenschaft, IV. Teil, S. 26; Fuisting, Der Rechtsschutz bei der Einkommensbesteuerung in Preußen, S. 3.

[2] Meine „Beiträge zur Lehre vom Finanz-Unrechte" (Zur Reform des österreichischen Finanz-Strafprozesses) S. 38 u. 45 ff.; dort auch die österreichische Literatur.

[3] Schäffle, Grundsätze der Steuerpolitik, S. 248.

einander im gemütlichen Verfahren Geldbeträge an." An Stelle des Gesetzes trat billiges Ermessen; das Unrecht war notorisch, jeder Versuch, es zu bekämpfen, war vergeblich; es wurde geduldet trotz des pathologischen Zustandes; die Steuermoral und -ehre ging zugrunde; die Steuerdefraude blieb natürlich bei der Einkommensteuer nicht stehen, die Unehrlichkeit dehnte sich auf die Erbsteuer aus; sie blühte, so gut es ging, bei den anderen indirekten Steuern. Die Steuermoral wurde nicht wesentlich besser, als im Jahre 1898 eine moderne Einkommensteuer ins Leben trat. Von der Gemütlichkeit der Einschätzung nach der preußischen Einkommensteuer vom Jahre 1851 wird nicht oft gesprochen. Held konstatiert sie[1], nachdem er wenige Seiten zuvor „das öffentliche Geheimnis" aufgedeckt hat, daß „die Einschätzungen mit Ausnahme einer kleinen Kategorie der vermögenslosen Beamten bei allen zu niedrig sind". Korrekturen der Fassionen im gütlichen Wege sind und bleiben bei der Unvollkommenheit menschlichen Willens und Wissens und der staatlichen Gesetzeseinrichtungen notwendig. Das Beispiel aus den Erfahrungen der österreichischen Finanz soll eine Warnung sein, wenn der Staat auch im Steuerrecht einen Zustand anstrebt, der dem Gesetze entspricht.

Gehen wir in unserer Auslegung der Zahlenreihen über die bemängelten Fassionen weiter, so haben wir nach dem Texte daran nicht zu vergessen, daß auch bei der Beanstandung im Wege Rechtens der Wille des Steuersubjektes sich oft noch unter den der Steuerverwaltung beugt. Es sind auch da manche Fälle der mehr oder weniger freiwilligen Submission zu verzeichnen. Der Gang des Verfahrens ist ja der, daß über die Beanstandung das Beweismaterial gesammelt wird. In den Fällen, die die Bedenken über die zu geringe Bekenntnisziffer nicht beheben, wird ein höheres Einkommen festgesetzt; auf dieses submittiert das Steuersubjekt oder es erhebt gegen das entsprechend höher festgestellte Einkommen und gegen die höhere Steuer das Rechtsmittel. Das materielle Resultat dieser förmlichen Beanstandung drückt sich in unserer Tabelle aus. Die fast 22 %, bei denen der Fiskus mit der Bemängelung nichts erreicht, bilden die Fälle, in denen das Steuerorgan nachgibt, oder in denen die Erhöhung im Rechtsmittelverfahren nicht aufrecht erhalten bleibt. In dem förmlichen Kampfe um die Einkommensteuer fällt natürlich die große Zahl der mit Erfolg beanstandeten Erklärungen auf.

---

[1] Die Einkommensteuer, S. 299.

Relativ gehen sie seit dem Jahre 1900 zurück, fallen langsamer und geringer, als man annehmen müßte, wenn die Entwicklung natürlich vor sich ginge. Nehmen wir an, es bestände eine Steuermoral, bei der allgemein die Erfüllung der Steuerpflicht so willig und so ehrlich geübt würde, wie bei privatrechtlichen Schuldverhältnissen. Oder nehmen wir aus der Zahl der Steuerpflichtigen jene heraus, die ehrlich und anständig ihrer Pflicht nachkommen wollen. Von einer Gesetzeskenntnis, wie sie der Jurist besitzt, ist bei dem großen Publikum und auch bei dem gewissenhaftesten Teile keine Rede. Auch dieser kennt nur die wesentlichen Normen und von diesen nur jene, die sein persönliches konkretes Interesse berühren. Die Kenntnis dieser Normen vermittelt wohl selten direkt der Text des Gesetzes, sondern das Formular, die Verhandlungen mit den Steuerorganen, der Rat des Anwaltes und des Berufsgenossen, Zeitungslektüren, kurz die Erfahrungen des täglichen Lebens.

Wer eine Postbegleitadresse, eine Postanweisung, einen Fracht= brief, eine Zolldeklaration schreibt, studiert nicht die Post= oder Zoll= ordnung; sind die Schriftstücke mangelhaft, so unterrichtet uns der Mann am Schalter und der Fehler kommt nicht zur Wiederholung. Ich meine, daß der schlecht informierte Zensit unter anderem auch durch die Belehrung des Vorhaltes auf die Unrichtigkeit kommt, daß somit im zweiten Steuerjahre Fehler und Anstände wegfallen und nach einer Reihe von Jahren die mangelhaften Steuererklärungen verschwinden müßten. Nun belehrt uns ein Blick in jedes Hand= buch, in jeden Band der Entscheidungen des Verwaltungsgerichtes, daß die Begriffe und Rechtsregeln des Gesetzes nicht so einfach und klar sind, nicht feststehen unter den Juristen. Das ist richtig für den einzelnen Fall. Aber für die Massen der Erscheinungen gilt dies nicht; man übertreibt in der kritischen Jurisprudenz die Be= deutung der Mängel und Lücken der Gesetze. Für die Millionen von Rechtsgeschäften, die in einem großen Staatswesen stündlich nach Privat= und Handelsrecht zustande kommen, reichen die Regeln des Gesetzes und des Verkehrs aus; die Geschäfte vollziehen sich ohne Streit und ohne Stritt. Was bedeuten demgegenüber dann die Zehntausende strittiger Fälle eines Jahres? Und ebenso liegen die Verhältnisse im Steuerrecht.

Es ist wahr, daß der rechtliche Begriff des Einkommens, die Bestimmungen über die zeitliche Grenze für die Berechnung des Ein= kommens, die Besteuerung nach Haushaltungen unklar und kontrovers sind. Theoretisch, gewiß; praktisch für den Einzelfall und darüber hinaus, doch nur bis zu der rechtskräftigen Entscheidung! Die Frage wird sich einmal, zehnmal, hundertmal, dann nicht wieder ergeben. Die Anrechnung der Gewinne aus Gelegenheitsspekulationen ist strittig; ihre praktische Bedeutung berührt doch nicht die Massen? Und die tausende Fälle der strittigen Abzugsposten, die sie betreffen, um welche Summen handelt es sich? Die Zuschüsse von Eltern an Kinder, die Beiträge an Sterbe= und Begräbniskassen, die Kosten der Uniform bei den Bahnbeamten. Der Streit dreht sich um eine oder zwei Stufen, nicht aber um eine Differenz von 30 % des einbekannten Einkommens. Das wirtschaftliche Leben und die Einkommensbildung wickelt sich nicht in jeder einzelnen Wirtschaft verschieden ab. Einnahmen und Ausgaben werden in der gleichen Schichte desselben Berufes nicht viel auseinandergehen; sie kommen in derselben Art immer wieder bei demselben Berufe; zweifelhafte Fragen des Einkommensteuerrechtes tauchen auf, gelangen zur Lösung. Es bildet sich durch Rechtssätze der Praxis eine stabile Auslegung des Gesetzes in den obersten und wesentlichen Fragen, eine Kenntnis des Rechtes, die bei gutem Willen befähigt, eine richtige Steuererklärung in der Hauptsache abzugeben. Diese Kenntnis wird vermittelt und vertieft durch eigene Erfahrungen und Belehrungen in eigener Sache, durch solche von Berufsgenossen; von Mund zu Mund, vom Anwalts= und Richtertisch und aus der Zeitungsredaktion bringt die Kenntnis hinaus ins Publikum und pflanzt sich fort; das Leben lehrt in der gleichen Stärke, wie in der Wirtschaft, so im Recht. Das starke materielle Interesse weckt die Aufmerksamkeit zum Besten der eigenen Tasche, es entwickelt sich ein Bedürfnis nach Rechtskenntnis, die sich hier, wie in anderen Rechtsgebieten, bildet ohne Schule und ohne Systematik. Wir dürfen von der Durchschnittsintelligenz, um diese handelt es sich, nicht um die großen Massen, die Kenntnis des Rechtes verlangen, weil nur diese die Pflichterfüllung ermöglicht. Das Recht verlangt sie auf allen Gebieten; es frägt nicht, ob das Gesetz schwer oder leicht verständlich ist. Aus den Kontroversen des Steuerrechts die Demoralisation zu erklären, wem wird es gelingen? Wenn die Bauern glauben, daß Einkommen nur das ist, was sie am Ende des Jahres in die Sparkassen legen, so ist es ungefähr das gleiche, wie wenn sie den Forstdiebstahl entschuldigen, weil der Wald Gemeineigentum gewesen ist und von ihnen der Sonderbesitz nicht anerkannt wird. Die Zahl der jähr=

lichen Beanstandungen, die aus dem Begleittexte der Tabellen zu entnehmen sind, sinken bis jetzt nicht unter 25 % der überreichten Erklärungen. Im Jahre 1902 waren es 26 %, 1907 und 1908 31,3 und 32 %, in den übrigen Bruchteile über 25 %. Die in der Tabelle I ausgewiesenen Relativzahlen zeigen die Fälle, in denen die Bedenken mit Erfolg geltend gemacht wurden. Jede vierte Fassion wird beanstandet, und zwar mit einem Erfolge, daß von 100 bemängelten Erklärungen in der Regel mehr als 78 ein höheres Einkommen und damit eine höhere Steuer zur Veranlagung bringen. Aus diesen Zahlen müssen wir folgern, daß trotz der vieljährigen Gesetzesgeltung die Fassionen in höherer Zahl unrichtig bleiben und die Steuerverwaltung mit großer Zähigkeit und bedeutendem Erfolge mit den ordentlichen Veranlagungsmitteln das Unrecht bekämpft. An Stelle des Vertrauens zu den Bekenntnissen muß ein allgemeines Mißtrauen treten. Wir wollen immer noch nicht von der Unrichtigkeit als Steuerdefraudation sprechen. Wir müssen aber von Unterdeklarationen handeln. Die Beanstandung ergibt gegenüber dem fatierten Einkommen im Durchschnitte ein Plus von 242 Mill. Mk.; das mehr veranlagte Einkommen sinkt ein einziges Jahr, 1903, auf 26,1 %; im Zeitraume von 11 Jahren ist es fünfmal 28 % und höher, 1901 sogar 30,9 %, 1906: 29,2 %, 1907: 30,4 % und 1908: 30,5 %. Die durch die Beanstandung eintretende Erhöhung der Steuer ist dann natürlich eine große; die Steuer wächst reichlich um 30 %, im Durchschnitt 33,8 %. Das Minimum zeigt das Jahr 1903 (30,3 %), das Maximum das Jahr 1901 (38 %). Der Gewinn kann bei dieser Höhe nicht auf fragliche Abzugsposten, sondern auf das Bekenntnis über den Einkommensstand selbst zurückgeführt werden. Die Unrichtigkeiten bewegen sich in Grenzen, die den Glauben an die Bekenntnisse noch stärker erschüttern, als die große Zahl. Das Verfahren rentiert, es trägt reiche Früchte. Das wäre ein erfreulicher Erfolg bei einer Ertragssteuer, bei einer indirekten Steuer mit einer dehnbaren Zahl von Steuersätzen. Aber die so fein organisierte Einkommensteuer, die man auf den Bekenntnissen als gerechteste Besteuerungsform aufbauen will, verträgt keinen so labilen Unterbau. Die Ziffern provozieren die Frage, ist das im Verfahren gefundene Plus an Einkommen tatsächlich alles im Steuerjahre erzielte Einkommen? Worin liegt die Gewähr, daß die übrige Veranlagung samt der erzielten Erhöhung „nicht doch noch viel zu niedrig war und zweckmäßigere und intensivere Maßnahmen des Vorsitzenden vielleicht noch ganz andere Erfolge gezeitigt hätten; wer vermag das zu entscheiden?" [1]. „Wie es mit den 75 % steht, die zu keiner Beanstandung geführt haben, dafür beweisen diese 20—25 % nichts. Bei jenem Dreiviertel der Gesamtheit der Erklärungspflichtigen mag eine Masse unversteuerten Einkommens liegen" [2]. Die Fragen und Bedenken rühren nicht von Fiskalisten. Wie steht es mit jenen 22 % der Bekenntnisse, die trotz der Bemängelung aufrecht bleiben, wo also die Veranlagung nach den Bekenntnissen und nicht nach der Anschauung der Steuerorgane durchgeführt wird? Und, wenn diese so oft irren, sind die übrigen erfolgreichen 78 % nicht mehr das Resultat der rücksichtslosen, fiskalischen Finanz, die mit der Steuerschraube dreht, bis aller Widerstand gebrochen ist? Welche Lösung wir finden, eins ist richtig: Die hohen Ziffern beweisen es, daß wir im Gebiete der bekannten Belastungs- und Entlastungskämpfe stehen, Kämpfe, die so alt sind, als die Besteuerung. Wir haben nicht zu erörtern den Kampf der Regierungsgewalt gegen die Volksvertretung, nicht den der Klassen-, Standes- und Privatinteressen um das Steuergesetz. Das Einkommensteuergesetz hat gesiegt und übrig bleibt der Kampf ums Recht, der Kampf der Staatsverwaltung gegen die Steuerkräfte und der Befreiungs- und Freihaltungskampf der Steuerträger gegen die Steuerverwaltung [3]. Die Einkommensteuer hat gesiegt, das Gesetz ist beschlossen. Aber schauen wir schärfer hinein in das Gesetz und in die vorgängigen Verhandlungen, so erscheint der Sieg nicht vollständig. Die Gesetzentwürfe bringen von Haus eine primitive Technik in der Materie der Einkommenserhebung; das bittere Kraut der Steuer wird in eine süße Pille gelegt; die Steuerreform diene nur zu gerechterer Verteilung der Last [4], das inquisitorische Verfahren soll vermieden werden, der Gerechte hat nichts zu fürchten usw. In den Verhandlungen der Volksvertretungen wird die Technik nie verbessert, für den ausreichenden Schutz des Staates und der Ehrlichen nicht gesorgt. Die Erfahrung lehrt, daß in den Kämpfen des Parlaments gegen das Gesetz die Schutzeinrichtungen zugunsten des Steuersubjektes gegen

---

[1] Mrozek, Die Mängel der Veranlagung zur Einkommensteuer und Vorschläge zu ihrer Beseitigung. (Preußische Jahrbücher, 136. Bd., S. 274.)

[2] Cohn, Steuern und Steuerreformen im Reiche und in Preußen, in den gesammelten Reden und Aufsätzen, S. 91.

[3] Vgl. das schöne Kapitel bei Schäffle, Grundsätze der Steuerpolitik, S. 164 ff.

[4] Schmoller, Skizze einer Finanzgeschichte von Frankreich, Österreich, England und Preußen (1500—1900). S. A. S. 61.

den hungrigen Fiskus verschärft werden. Von einem Mißtrauen gegen die Steuerkräfte ist bei der Volksvertretung natürlich keine Rede. Die Erfahrungen der Rechtsgeschichte, die Wahrheiten der Wissenschaft werden für eine andere Welt gesammelt. In all den Verhandlungen erscheint der Mangel an Vertrauen zu der Steuerverwaltung als Leitmotiv. Kräftige Worte der Abwehr und Belehrung vom Regierungstische, die immer wiederkommen müßten, hören unsere Volksvertretungen nicht gerne.

Dem Eindringen in die Privatrechtssphäre werden im Gesetze heilsame Schranken gesetzt. Das am leichtesten zu verheimlichende Einkommen, das am schwierigsten zu fassende Kapitaleinkommen wird in seinen unfindbaren Stellungen ausdrücklich geschützt. Damit wächst die an und für sich allzu starke Versuchung der Verheimlichung. Das Staatsschuldbuch, das Reichsschuldbuch, die Sparkassen dürfen für die Veranlagung in Preußen nicht herangezogen werden[1]. In Österreich dürfen die Postsparkasse, die Akten und die Kenntnis der Gewerbeinspektoren, der Unfallversicherungsanstalt von der Finanzverwaltung nicht in Anspruch genommen werden[2].

In dem Entwurfe des preußischen Gesetzes war eine Bemessung nach dem Aufwande vorhergesehen, wenn das Einkommen „nicht mit genügender Sicherheit festzustellen ist, aber soweit es bekannt geworden, hinter dem jährlichen Aufwande des Steuerpflichtigen für sich und seine Familie zurückbleibt". Der österreichische Entwurf enthielt für ähnliche Verhältnisse als Maßstab das Vielfache des Wohnungsaufwandes. Beide Schutzbehelfe der Wahrheit sind gefallen.

Zu den Dogmen der modernen Einkommensteuer gehört der Satz: Das Einkommen wird festgestellt auf Grund des Bekenntnisses des Steuersubjektes. Der Staat ist nicht in der Lage, das Einkommen durch die Alleintätigkeit seiner Organe zuverlässig zu erheben. Das ist richtig, besonders dann, wenn dem Staate der Einblick in die Privatwirtschaft versperrt wird. Das Ideal der Besteuerung wäre erreicht, wenn das Bekenntnis in der größeren Zahl der Fälle richtig wäre. Solche Ehrliche in größeren Massen soll es einmal gegeben haben. Es ist charakteristisch, daß wir über Steuerehrlichkeit nur Notizen[3] finden, von denen einige hier vorgeführt werden sollen.

---

[1] Mrozek, a. a. O. S. 276.
[2] Vgl. meine Beiträge zur Lehre vom Finanz-Unrechte, a. a. O. S. 53.
[3] Die folgenden sind entnommen: Roscher, System der Finanzwissenschaft. 4. Aufl. S. 318 u. 324; dort auch die Zitate der Bücher. Auf S. 322 einige ausgewählte „schöne" Defraudationsfälle.

Adam Smith bewunderte an dem Baseler Pfundzoll, daß die Bürger den Betrag ihrer Ausfuhren ohne Kontrolle angegeben haben; diese Wahrheitsliebe soll dort noch jetzt bei der Einkommensteuer zu finden sein. Als man bei der Vermögenssteuer die Selbstangabe einführte, stieg die versteuerte Summe gegen die frühere Einschätzung sofort um 106 Millionen Frcs.; auch haben sich meist Personen gemeldet, die man vorher gar nicht für steuerpflichtig gehalten hatte, und bei jeder Katastrierung haben Pflichtige verlangt, in eine höhere Klasse gesetzt zu werden. In Bremen bestand bis 1874 die Selbsteinschätzung auf Bürgereid mit verdecktem Einwurf in die Kassa. Es wäre interessant, dies als Experiment heute zu versuchen.

Die Wunderorte waren rar und sind heute wohl verschwunden. Von M.'Culloch rührt der vielzitierte Satz her, die Einkommensteuer wäre eine Besteuerung der Ehrlichkeit und eine Prämie für Meineid und Betrug. J. St. Mill sagt von ihr, sie drücke den Gewissenhaftesten am härtesten, und Gladstone warf ihr noch 1858 vor, daß sie mehr als irgend eine andere Steuer zur sittlichen Verderbnis der Nation beitrage. Von den Franzosen mit Thiers[1] an der Spitze und von den Amerikanern schweige ich. Uns mit unserer alten, vielleicht etwas lahm gewordenen, ethischen Kultur ist es verständlich, warum die Einkommensteuer undemokratisch, unfranzösisch und unamerikanisch ist. „Mr. Carnegie erklärt sich für einen Gegner der Einkommensteuer, weil sie die Nation zu Lügnern erziehe"[2]. Es ist lange her, daß Hock in seinem großen Werke: „Die Finanzen und die Finanzgeschichte der Vereinigten Staaten" die Steuerlügen dieses Volkes vorgeführt hat. Die lehrreichen „Charakterzüge des amerikanischen Steuerwesens"[3] und die Tagesliteratur zeigen uns, daß der Steuerbetrug, namentlich im Zollwesen, auch in unseren Tagen fortblüht und daß ihn mit Vorliebe das weibliche Geschlecht, wenn es

---

[1] Vgl. hierzu die trefflichen Worte Helds in seiner Einkommensteuer, S. 329. Thiers nannte die Einkommensteuer einen gefährlichen versteckten Sozialismus. Der „Einwurf des alten Schutzzöllners und Bourgeoisnationalökonomen" macht uns nicht „irre: denn es gibt eine Art von Sozialismus, d. i. ein Betonen sozialer und politischer Pflichten der höheren und besitzenden Stände, das entschieden notwendig ist, wenn wir dem anderen, wirklich gefährlichen Sozialismus, dem Sozialismus der Pariser Kommune, entgehen wollen."

[2] Die Stelle bei Wolf, Die Reichsfinanzreform und ihr Zusammenhang mit Deutschlands Volks- und Weltwirtschaft, S. 63.

[3] Cohn, in diesem Jahrbuch, XXXII. Jahrg. (1908), S. 431 ff.

aus Europa Kostbarkeiten heimführt, mit hohem Risiko kultiviert. Gladstone war vorsichtiger. Die Steuerlüge ist der Einkommensteuer nicht eigentümlich. Unserem Rechtsbewußtsein, „unserem sittlichen Gefühle und Takte" ist die Einkommensteuer die gerechte, die vorzüglichste Steuer. Vor der einzigen bösen Stelle hat die deutsche Finanzwissenschaft der älteren und der klassischen Zeit gewarnt und gewarnt; sie war nie blind gegen den einzigen großen Fehler. Es gibt keinen Großen und keinen Kleinen, der die Schattenseite übersehen würde.

Die Praxis der Besteuerung hat Mut bewiesen; sie nahm die Einkommensbesteuerung auf und mit dem preußischen Gesetze beginnt die Siegeslaufbahn in den deutschen Staaten. Preußen war der Pionier im Besteuerungsfortschritt; es ist Wagner[1] beizupflichten, daß die preußische Reform von 1891 an zu dem bedeutsamsten Vorkommnis in der ganzen neueren Steuergeschichte geworden ist. Aber mit einem Vorbehalte! Keines der großen Gesetze in den anderen Rechtsgebieten hat auf den ersten Wurf Vollkommenheit erreicht. Dort, wo wir heute vor vollkommenen Gesetzen stehen, bedurfte es der Arbeit von Generationen. Wir stehen heute in der Entwicklung der Einkommensteuer erst auf der zweiten Stufe, die in reichen Ländern, wie in England und Preußen, imponierende Steuersummen erbringt, aber unser Steuerideal noch nicht verwirklicht. Im Gegenteil! Wir dürfen uns den großen Mängeln nicht verschließen; wir müssen in ehrlich kritischem Streben die Hindernisse ebnen, die der gerechten Steuer in den Gesetzgebungen unserer Zeit noch im Wege stehen. Nicht das Unternehmen wird also die Geschichte tadeln. Doch wir müssen uns schon wundern, wie gering die Gesetzgeber die Schwierigkeiten eingeschätzt haben, die aus mangelnder Steuerehre und Steuerehrlichkeit sich ergeben müssen. Was aus allen diesen Gesetzgebungen hervortritt, ist eine Unterschätzung der Gefahren der Steuermoral und eine Überschätzung der Kraft und Macht der staatlichen Steuerverwaltung. Das preußische Gesetz ist in der Hauptsache in die folgenden Steuergesetzgebungen übergegangen; ohne alle Kritik wurde das magere Veranlagungsverfahren und fast gedankenlos das Strafrecht in das folgende hinübergenommen. Wir können heute von der preußischen Type sprechen, nach der auch das österreichische Gesetz im wesentlichen gearbeitet ist.

---

[1] Finanzwissenschaft, IV. Teil, S. 39. Auch v. Heckel, Lehrbuch der Finanzwissenschaft, 1. Bd., S. 360.

Die achtzehnjährige Geltungsdauer in Preußen, die zwölfjährige in Österreich mit der reichen Rechtsprechung des preußischen Oberverwaltungsgerichtes und des österreichischen Verwaltungsgerichtshofes erlauben uns ein sicheres Urteil. Von Anfang an war es das löbliche Streben der beiden Gerichtshöfe, den Rechtsschutz der Steuersubjekte zu sichern und auszugestalten. Was da aus den dürftigen Gesetzesbestimmungen, die mehr oder weniger aus dem alten Steuergesetze einfach rezipiert wurden, herausgearbeitet wurde, gehört mit zu den besten Leistungen juristischer Auslegungskunst. Wer aber die Erkenntnisse prüfend verfolgt, wem es ums Recht, um materielle Wahrheit und nicht um formale Entscheidung zu tun ist, den konnte die Rechtsprechung in einzelnen Fällen nicht befriedigen. Da tritt uns die Mangelhaftigkeit des Verfahrens am klarsten hervor! Wie sich das Unrecht, das offen oder zwischen den Zeilen herauszulesen ist, hinter der formalen Frage verschanzt, wie es im logischen Formalismus siegt, wie das mühselige Ergebnis des Verfahrens kassiert wird, dieses von neuem beginnt und die Kräfte, bald des einen Teiles, bald des anderen erlahmen, davon spricht nicht die kritische Literatur. Alles Unrecht wird der Verwaltung zur Last geschrieben. Es hat in Fuisting einen beredten Ankläger, einen überzeugten Verfechter der Rechtsprechung des Oberverwaltungsgerichts gefunden.

Fuisting hat in seinen beiden Untersuchungen: „Der Rechtsschutz bei der Einkommensbesteuerung in Preußen" und „Die Einkommensbesteuerung der Zukunft in Anknüpfung an das preußische Einkommensteuergesetz"[1] die formalen Fragen mit vieler juristischer Kunst und Kraft behandelt. Es sind die wertvollen Resultate langjähriger juristischer Arbeit praktischer und theoretischer Natur. Fuisting sieht das Recht aber nur von einer Seite. Was im „Rechtsschutz" nur da und dort angedeutet wird, kommt in der „Einkommensbesteuerung der Zukunft" deutlich und offen zum Ausdrucke. Schutzbedürftig erscheint ihm und der Rechtsprechung der Steuerpflichtige; diesem gereicht der Schutz „in ganz überwiegendem Maße zum Vorteile". Das ist, so sagt er im Vorwort ausdrücklich, eine notwendige Folge der gesetzlichen Einrichtungen, welche in einseitig fiskalischer Richtung ausgestaltet sind und gehandhabt werden, so daß nicht der Staatsfiskus, wohl die Steuerpflichtigen des Rechtsschutzes bedürfen. Das zweite Werk ist eine große Anklageschrift gegen die Veranlagung.

---

[1] Wo wir in der Folge nicht den „Rechtsschutz" zitieren, ist diese Schrift gemeint.

Als oberstes Argument, das immer wiederkehrt, dient der Hinweis auf die Bekräftigung der Steuererklärungen, daß sie „nach bestem Wissen und Gewissen" verfaßt sind. Aus unserem, bisher vorgeführten Materiale hebt Fuisting (auf Seite 137) die Ergebnisse für ein Jahr, für 1901 hervor. Es sind für das gute Wissen und Gewissen der Verpflichteten gerade keine sehr günstigen. „Die übermäßige Häufung der Beanstandung ist eine alte, sich bei jeder Veranlagung wiederholende Klage." Ein guter Kenner der preußischen Einkommensteuer, der alten und der neuen, antwortet auf die Klagen: die Unzufriedenheit war nach dem alten Gesetze verbreitet, „zum Teil aus anderem Grunde, zum Teil aus demselben Grunde, nämlich dem, daß man Steuer zahlen sollte"[1]. Die Äußerung der Unzufriedenheit und der Klagen werden wir im nächsten Kapitel mit Ziffern dartun. Ja, wer hat Grund zur Klage? Die Ethik, die Ehrlichen und die Steuerorgane wären hierzu berechtigt. Den leichtsinnigen oder gewissenlosen Steuerträgern muß der objektive Beurteiler raten, nicht zu klagen, sondern richtige Bekenntnisse nach bestem Wissen und Gewissen abzugeben. Gibt es denn, so muß man fragen, im Steuerrechte wirklich eine solche Menge von Personen, die sich von irgend einer Macht um solche Summen drücken ließen, wie sie unsere Ziffern zeigen? Wir wollen annehmen, daß unter der großen Zahl der Beanstandeten ein paar Hundert oder Tausend vorhanden sind, die die Ruhe lieben, die Kosten scheuen usw. Die Statistik der Rechtsmittel, die wir vor unserem Endurteile nicht vernachlässigen dürfen, wird uns zeigen, daß die große Zahl der Zensiten keine frommen Lämmer sind, die all die fiskalische Verfolgungswut ruhig tragen; sie wird uns zeigen, daß die Rechtsmittel weit größere Erfolge haben, als es von einer fiskalischen Berufungskommission und von ihrem Vorsitzenden zu erwarten steht. Wem mit Unrecht das Bekenntnis nicht geglaubt wurde, der kann das Mißtrauen bekämpfen. Dieses ist gewiß für den ehrlichen und friedlichen Bürger eine Kränkung. Die Sünden der Väter und Mitbürger rächen sich auch hier an dem Redlichen. Vergegenwärtigen wir uns doch die Interessen der beiden Streitteile! Auf der einen Seite materielle Interessen, die egoistische Triebkraft bewegt. Auf der anderen Seite, im bittern Entlastungskampfe das Steuerorgan, das selbst materiell an dem Stritte nicht beteiligt ist und nur die Rechte des Staates und der redlichen Steuerträger verteidigt. Oder glaubt denn jemand im Ernste, daß so ein schneidiges

---

[1] Cohn, a. a. O. S. 87.

Steuerorgan nicht nach Gesetz und Recht fragt und sich nur von dem alleinigen Streben führen läßt, daß scharfes und überscharfes Verfahren Anerkennung der Höchsten und Höheren, ein besseres Vorwärtskommen in der Beamtenhierarchie vermittelt? Andere egoistische Motive kann ich nicht finden. Richtig ist nur, daß die intensive Pflege jeder rechtlichen Materie bei dem staatlichen Organe eine schärfere Rechtsanschauung, ein entwickelteres Rechtsgefühl schafft. Wenn man bei der laxen Auffassung der finanzrechtlichen Normen den gewissenhaften Finanzbeamten, der sich dem Berufe voll hingibt und mit der Aufgabe identifiziert, subjektiv oder fiskalisch nennt, so tut man ihm und der Sache Unrecht[1]. Alle berechtigten Klagen bleiben vorbehalten. Wir haben von allem Anfange über die schlechte Ausbildung der Juristen in den finanzrechtlichen Lehren geklagt. Der wissenschaftlich gut gebildete Jurist wird nie fiskalisch sein im schlechten Wortsinne. Wir haben aber einen Beweis zur Verfügung, dessen Kraft sich auch weitere Kreise nicht verschließen werden. Der Steuerorganismus und die Praxis repräsentieren einen Willen, der geleitet wird durch das Gesetz und die oberste einheitliche Ausführungsgewalt. Das Gesetz, der Finanzminister und seine Organe sollen fiskalisch sein. Da müßten doch der Druck im Beanstandungsverfahren und seine Nachwirkung überall die gleichen sein. Dem ist ja nicht so; wir finden in den einzelnen Provinzen und Regierungsbezirken große Unterschiede! Das bringt uns zu der Frage nach der Heimat der unrichtigen Erklärungen der Steuerbekenntnisse. Wir müssen uns fragen, wie stellen sich die Erfolgsziffern in den einzelnen Regierungsbezirken.

Auch ohne statistische Anhaltspunkte wird der Steuertechniker antworten, daß die Kenntnisse der Steuerorgane von den Einkommensverhältnissen in den großen Städten geringer sein werden als am Lande. Die Beanstandungen sind im allgemeinen in den ländlichen Bezirken umfangreichere und erfolgreichere als in den großen Städten. Während im Jahre 1898/99 in den Stadtkreisen der Monarchie von insgesamt 228 105 Steuererklärungen nur 61 255 = 26,9 % beanstandet wurden und hievon nur 41 890 = 68,4 % Erfolg hatten, sind in den gesamten Landkreisen von 228 589 Steuererklärungen 87 013 = 38,1 %

---

[1] Vgl. meine Beiträge zur Lehre vom Finanz-Unrechte, S. 93; dann Jellinek, Allgemeine Staatslehre, S. 515: „Psychologisch notwendig fühlt sich der pflichtgetreue Beamte so mit seinem Amte verwachsen, daß er dessen Befugnisse auch als sein Recht erachtet."

28

beanstandet worden und hiervon haben 70 335 = 80,8 % Erfolg gehabt. So hatten in diesem Jahre die Beanstandungen in der Stadt Berlin den verhältnismäßig geringsten Erfolg (64%) und in dem, die Vororte Berlins mitumfassenden Regierungsbezirke Potsdam den von 67,9 %[1]. Wir haben die veröffentlichten Relativzahlen der mit Erfolg berichtigten Steuererklärungen für neun Jahre in den einzelnen Regierungsbezirken zusammengestellt und geben uns die Durchschnitte ein ziemlich scharfes Bild über die Sitze der richtigen und unrichtigen Steuererklärungen in dem ganzen Staate. Nach der Größe der Verhältniszahlen erhalten wir die nachstehende Reihenfolge:

1. Bromberg	40,3	14. Breslau	28,8	27. Merseburg	23,5
2. Sigmaringen[2]	38,9	15. Arnsberg	28,1	28. Hildesheim	22,9
3. Marienwerder	38,5	16. Danzig	27,4	29. Berlin	21,9
4. Oppeln	38,2	17. Trier	27,4	30. Wiesbaden	21,4
5. Allenstein[3]	37,7	18. Liegnitz	26,4	31. Potsdam	20,9
6. Posen	34,7	19. Königsberg	26,1	32. Aachen	19,6
7. Gumbinnen	34,1	20. Stettin	25,4	33. Erfurt	19,6
8. Minden	32,5	21. Stade	25,0	34. Cöln	19,3
9. Aurich	31,3	22. Kassel	24,8	35. Osnabrück	18,4
10. Köslin	31,2	23. Koblenz	24,7	36. Stralsund	17,1
11. Münster	30,2	24. Magdeburg	24,4	37. Hannover	13,1
12. Frankfurt	30,1	25. Lüneburg	24,3		
13. Schleswig	28,9	26. Düsseldorf	24,2		

In der ganzen Monarchie beträgt während dieser Zeit der Durchschnitt 25,1%. Über diesen Durchschnitt zählen wir 20 Bezirke und zwar die ganzen Provinzen: Ost- und Westpreußen, Posen, Schlesien, Schleswig-Holstein, Westfalen, Hohenzollern; von der Provinz Pommern die Bezirke Stettin und Köslin, von der Provinz Brandenburg Frankfurt, von der Rheinprovinz Trier allein und von Hannover bloß den Bezirk Aurich. Die Bekenntnisse sind richtiger, die Beanstandungsziffern kleiner in Berlin, Potsdam, in der ganzen Provinz Sachsen, in den restlichen fünf Bezirken Hannovers, in den übrigen vier Bezirken der Rheinprovinz, in Hessen-Nassau. Wir ergänzen diese topographische Skizze durch die folgende Übersicht des im Beanstandungsverfahren gewonnenen Zuwachses an Steuern in Prozenten:

---

[1] Mitteilungen Nr. 38, S. 98.
[2] Erscheint erst 1901 in den Ausweisen, da dort die Abgabe von diesem Jahre an als Staatssteuer in Geltung trat; der Kampf ist neu und intensiver!
[3] Seit 1906, also nur die Nachweise für zwei Jahre.

1. Allenstein	69,2	14. Lüneburg	36,6	27. Minden	32,1
2. Marienwerder	61,8	15. Düsseldorf	36,6	28. Liegnitz	31,9
3. Sigmaringen	59,8	16. Stralsund	36,6	29. Schleswig	31,3
4. Stade[1]	53,4	17. Koblenz	36,4	30. Berlin	31,0
5. Gumbinnen	52,3	18. Merseburg	35,6	31. Magdeburg	31,0
6. Bromberg	48,7	19. Arnsberg	35,5	32. Hildesheim	29,4
7. Köslin	48,6	20. Trier	35,1	33. Erfurt	29,2
8. Posen	46,6	21. Oppeln	34,1	34. Hannover	28,1
9. Münster	43,9	22. Breslau	33,7	35. Danzig	27,2
10. Kassel	42,1	23. Osnabrück	33,7	36. Wiesbaden	24,8
11. Aurich	41,8	24. Cöln	33,6	37. Aachen	22,7
12. Königsberg	39,7	25. Potsdam	33,1		
13. Frankfurt	37,4	26. Stettin	33,0		

Für die Monarchie beträgt der Durchschnitt 33,6; unter demselben stehen bloß 13, und wenn wir die gering differierenden Bezirke 22—24 zuzählen, 16 Bezirke. Kombinieren wir das Resultat dieser beiden Zusammenstellungen. Es haben eine gute Lokation, kleine Beanstandungsziffern und diese mit geringeren Steueraufschlägen: Aachen, Wiesbaden, Hannover, Hildesheim, Berlin, Magdeburg, Potsdam. Wir finden schlechtere Bekenntnisse, eine größere Zahl von Beanstandungen, aber mit kleineren Richtigstellungen des fatierten Einkommens in den Regierungsbezirken Danzig, Stettin, Liegnitz, Schleswig, Minden. Endlich große Beanstandungsziffern und große Steuererhöhungen — alles nach den Verhältniszahlen gerechnet — in den Bezirken: Marienwerder, Sigmaringen, Allenstein, Bromberg, Gumbinnen und Posen. Das Steuerorgan glaubt dem Bekenntnisse nicht, weil nach seinen Erfahrungen auf dem Gebiete es schwer ist, jedem zu glauben. Was soll der objektive Wahrheitsucher mit dem Satze anfangen, mit dem Fuisting die Betrachtung über die Beanstandungsziffern des Jahres 1901 abschließt? „Jedenfalls geben die Zahlen jener Nachweisungen keine irgendwie sichere Grundlage für die Beurteilung der Frage, ob die Steuererklärungen wirklich in dem bisherigen Umfange beanstandet werden müssen." Und gleich daran reiht sich ein Satz, der an Deutlichkeit nichts zu wünschen übrig läßt. „Soviel steht freilich außer jedem Zweifel, daß die Angaben der Steuererklärungen vielfach an Unrichtigkeiten leiden, hierauf sorgfältig geprüft und bei bestehendem Zweifel zum Gegenstande von Rückfragen und weiter von förmlichen Beanstandungen gemacht werden müssen." Die Unrichtigkeiten haben nach Fuisting

---

[1] Die schlechte Lokation rührt von der Steuererhöhung eines Jahres her (1902: 141,2 %!); im Vorjahre waren es 61 %. Die Strenge scheint gute Wirkung ausgeübt zu haben; der Prozentsatz sinkt konstant, 1908: 40,1 %.

ihren Grund teils in Unredlichkeit, teils in Fahrlässigkeit oder Selbsttäuschung, teils in Rechtsunkenntnis der Pflichtigen. „Die Fälle wirklicher Unredlichkeit sind gewiß nicht vereinzelt, aber doch nicht häufig." Woher stammt diese Überzeugung? Die Klassiker und Epigonen in der Finanzwissenschaft sind doch einmütig anderer Meinung! „Wenngleich bei Anzweiflung der persönlichen Glaubwürdigkeit die Beanstandung erfolgen muß, so ist doch der Hauptschutz gegen Hinterziehung mit der Androhung hoher Strafen und mit der Verpflichtung des Schuldigen und seiner Erben zur Nachzahlung der hinterzogenen Steuer auf zehnjährige Dauer (§§ 66 und 67) gegeben." Wie es mit diesem „Hauptschutze" steht, werden wir in einem folgenden Kapitel untersuchen. Es bleiben dann Fuisting die weit häufigeren Fälle von ‚Fahrlässigkeit' oder ‚Selbsttäuschung'. „Die Pflichtigen wissen sich in zahlreichen Fällen über die Erträge ihrer Quellen selbst keine sichere Auskunft zu geben, weil sie Anschreibungen unterlassen und oft auch hiezu nicht befähigt sind. Daß solche Pflichtige in ‚Selbsttäuschung' befangen, die Erträge ihrer Quellen vielfach zu gering veranschlagen und angeben, liegt in den menschlichen Verhältnissen." Fuisting[1] schließt mit dem Satze: „Soweit derartige Unrichtigkeiten zu vermuten sind, wird die Beanstandung niemals zu vermeiden sein." Nach den Erfahrungen der preußischen Steuerverwaltung, nach unserem Ziffernmateriale sind die Unrichtigkeiten ziemlich allgemein zu vermuten. Wen die große Summe der Beanstandungen und des mehr erzielten Einkommens, also blanke Tatsachen in diesem Punkte nicht überzeugen, den kann die Theorie nicht anderen Sinnes machen. Liegen zu geringe Veranschlagungen und Angaben in menschlichen Verhältnissen, so muß man mit dem gleichen Maßstabe das Mißtrauen der Steuerorgane beurteilen.

„Denn Krieg ist ewig zwischen List und Argwohn;
Nur zwischen Glauben und Vertraun ist Friede."
(Schiller, Wallensteins Tod III, 18.)

III.
Der Fiskalismus und die legale Steuerentlastung.
(Die Ergebnisse des Rechtsmittelverfahrens.)

Rechtsschutzbedürftig ist das Steuersubjekt. Geschützt ist der Staat. So lautet Fuistings Lehre. Denn fiskalisch ist das Gesetz,

---
[1] a. a. O. S. 138 u. 139.

fiskalisch die Ausführungsbestimmungen. „Ganz von einseitig fiskalischen Rücksichten beherrscht ist die Gestaltung des Verfahrens mit der scharfen Betonung der fiskalischen Rechte, mit der starken Vernachlässigung der Rechte der Pflichtigen, mit der Bestellung der fiskalischen Vertreter zu Vorsitzenden der Kommissionen und mit der ihnen verliehenen Machtfülle." „Die Steuerverwaltung läßt sich an erster Stelle von dem Bestreben leiten, mit möglichst geringem Kostenaufwande ein möglichst hohes Steueraufkommen zu erzielen. Daher die unzulänglichen Einrichtungen, besonders die Bildung übergroßer Veranlagungsbezirke, die unbeschränkte Zulassung der Auflösung der Kommissionen in Unterkommissionen mit der geringsten Besetzung von drei Teilnehmern, die Übermacht der fiskalischen Vertreter und die hiermit verbundene Untergrabung der Kommissionstätigkeit"[1]. „Unter dem Drucke der Geschäftsbelastung wird das Verfahren in höchst summarischer Weise gehandhabt. Die fiskalischen Rechte werden im vollsten Umfange ausgenutzt. Den Pflichtigen gegenüber finden die formalen Vorschriften eine peinlich strenge Anwendung; mit gesetzlichen und künstlichen Mitteln sucht man ihren Ansprüchen zu begegnen." Durch die Überlastung des Vorsitzenden beteiligen sich die Bürokräfte in einem über ihre Zuständigkeit und Befähigung weit hinausgehenden Maße an der Geschäftserledigung. „Die entscheidende Tätigkeit in der Veranlagungs- und Berufungsinstanz wird tatsächlich fast ganz von den Vorsitzenden, also von den fiskalischen Vertretern ausgeübt. Die Kommissionen selbst entwickeln fast nur eine Scheintätigkeit."

Glücklicher Fiskus, der keinen Rechtsschutz bedarf, glücklich die Steuersubjekte, die im Oberverwaltungsgericht einen „obersten Hüter des Rechtes" besitzen, der sie, besonders die „kleinen Leute" gegen übertriebene Fiskalität, gegen unerfüllbare Anforderungen, gegen unerträgliche Belästigungen usw. schützt[2]!

„Durch die Rechtsprechung die Zufriedenheit der Bevölkerung mit den steuerlichen Einrichtungen zu befördern, ist ein höheres Ziel als den Beifall der fiskalischen Behörden zu gewinnen." Ich meine, man dient als Richter dem Recht, als Forscher der Wissenschaft, nicht großen und nicht kleinen Leuten, nicht der Finanz und nicht den Steuerträgern.

Braucht jeder der vorstehenden Sätze eine Widerlegung? Er-

---

[1] Fuisting, S. 271 u. ff.
[2] Ebenda, im Vorwort.

innert nicht mancher an die Reden eines strebsamen Volksfreundes in einer Volksversammlung?

Da und dort in dem Buche „Die Einkommensbesteuerung der Zukunft" tritt eine starke Verstimmung gegen die Regierung hervor; der Finanzminister habe seit dem Beginne der Rechtsprechung in Staatssteuersachen noch nicht ein einziges Mal einen Kommissar zur Beteiligung an der Verhandlung des Beschwerdegerichtes bestellt[1]; die Zentralsteuerverwaltung suche nicht eine engere Fühlung und ein gutes Einvernehmen mit dem Beschwerdegerichte und dergleichen[2]. Das scheinen uns die kleinen Motive der schweren Anklage.

Fuisting hat als Senatspräsident des Oberverwaltungsgerichtes in Tausenden Fällen geurteilt und das Verfahren verurteilt. Ihm handelt es sich um eine große, ernste Sache, um das richtige Recht.

Aber der Mann, der in seinem Kommentar zur Einkommensteuer sich als Jurist ein unvergängliches Denkmal gesetzt hat, sieht das Recht nur von seiten der Beschwerde; er sieht nur den Steuerdruck und die egoistischen Beschwerden und Klagen der Zensiten; er unterschätzt das Unrecht, das nach einmütiger Anschauung die Wissenschaft fürchtet; er bagatellisiert die Ziffern, die die Resultate der Beanstandung dartun. Fuisting beschränkt sich auf die Statistik eines Jahres, wenn er zu Ziffern greift; hätte er eine Reihe von Jahren gefragt, dann wäre sein Urteil vielleicht ein anderes geworden. Das sind Fehler in einer Untersuchung, die objektiv sein will und soll. Und wie es dann in der Regel geht, wenn bewußt oder unbewußt für eine Seite Partei und Stellung genommen wird, die Übertreibung bringt in die Kampfschrift einen unharmonischen Ton.

Die Finanzwissenschaft hat diesem Werke nicht die gebührende Aufmerksamkeit geschenkt; mit dem bloßen Zitate erweist die Literatur der Sache keinen Dienst. Und doch sollte man meinen, daß es gegenüber dem „Wuste der Tatsachen, die gerade die Handhabung der preußischen Einkommensteuer ergeben hat, kein Verstecken" mehr gibt. Diese trefflichen Worte rühren von Georg v. Mayr[3] her. In der Fuisting ehrenden Besprechung wird der aufmerksame Leser warme Anerkennung des Verfassers und des Buches, aber keine volle Zustimmung finden. Dem offenen Lobe folgt bald die Einschränkung.

---

[1] Fuisting, S. 250.
[2] Ebenda S. 254.
[3] Zur Reform der Einkommensbesteuerung. (Im Anschluß an die Besprechung des Werkes von B. Fuisting.) Verwaltungsarchiv, XII. Bd., 1904, S. 191—203.

Den Tatsachen rückt auch die Besprechung nicht an den Leib. Auch der juristisch = logischen Interpretation tritt v. Mayr nicht entgegen. Aber der Kritik des Wirtschaftstheoretikers und Politikers wird gerne auch der Verwaltungstechniker, der meinen Standpunkt teilt, zustimmen. Aus den Darlegungen ergibt sich v. Mayr die Schlußfolgerung, „daß Fuisting dabei in einzelnen Fragen vielleicht der deduktiven Geistesarbeit ein größeres Maß von Einfluß auf seine Entscheidung einräumt, als von der tatsächlichen Lage der Verhältnisse und insbesondere nach Maßgabe besonderer Erwägungen vernünftiger Steuerpolitik gerechtfertigt ist." Wenn wir dem Buche Mangel an objektiver Würdigung vorwerfen, so geht die Besprechung noch weiter, wenn sie sagt: „Dem Optimisten der Theorie und Praxis mag es dabei wohl manchesmal vorkommen, als habe er es mit den Meinungsäußerungen eines Nörglers zu tun." Der einschränkende Nachsatz will gewiß nichts anderes sein, als eine Höflichkeitsbezeugung, die den Vordersatz etwas verzuckert. Überaus interessant ist die Stellungnahme des Göttinger Nationalökonomen in dessen lehrreichen Aufsätzen und Untersuchungen der letzten Jahre über die schwebenden Finanz= und Steuerfragen. Cohn spricht von dem Werke das erste Mal in der Studie „Steuern und Steuerreformen im Reiche und in Preußen[1]." Auch hier hohe Wertschätzung und Anerkennung der rückhaltlosen Kritik des Fuistingschen Buches; auch hier „soll das gerne gespendete Lob" den Weg frei machen zur Äußerung einiger Zweifel an dem Inhalte der Fuistingschen Kritik. Wir werden diesen Zweifeln meist finanztheoretischer Natur im Laufe unserer Untersuchung begegnen. Auch in den überaus instruktiven und interessanten „Charakterzügen des amerikanischen Steuerwesens"[2] beruft sich Cohn auf Fuisting als Autorität für „die übermäßige Leistungsfähigkeit der preußischen Bürokratie" im Sinne der Fiskalität. Mit diesem Argument will Cohn die Richtigkeit „der frivolen und grundlosen Behauptung" bekämpfen, daß selbst die Einkommensteuer in Preußen, der Heimat der tüchtigen Bürokratie, „bisweilen das Lug= und Trugsystem genannt" wird.

Es konnte aber dem Manne, der mit so vieler Sachkenntnis, mit der scharfen Beobachtung unermüdlich immer wieder zu den Steuerproblemen zurückkehrt, die Unrichtigkeit der Fuistingschen Lehre nicht entgehen. In seiner Artikelserie „die Reichssteuerreform",

---

[1] a. a. O. S. 85 ff.
[2] a. a. O. S. 16.

die wir in der reichen Literatur über diese Frage obenanstellen möchten, tritt Cohn[1] dem verbreiteten Irrtum entgegen, daß der hohe Steuerertrag der neuen Steuern irgend etwas beweise für die absolute Richtigkeit der seit 1892 erfolgten Veranlagung, für die Ausschöpfung jener zuvor von der Steuerveranlagung nicht erfaßten Masse der vorhandenen und gesetzlich verpflichteten Steuerkraft.

In diesem Zusammenhange wird der Anklage, lautend auf Fiskalität der Veranlagung, der Satz gegenübergestellt: „Fuisting hat gewisse Erscheinungen des Veranlagungsprozesses, die zu seiner Kognition gelangt waren, ungebührlich verallgemeinert." Wir können die feine Bemerkung nicht unerwähnt lassen, die auf die unverdiente Freude der Menge bezug nimmt, „die immer noch, weit entfernt von der Fiskalität, ihrer Steuerscheu froh werden dürfe."

Die folgenden Ausführungen werden es zeigen, daß Fuisting in dem Belastungskampfe nur einen Teil kennt, den anderen ganz übersieht, daß er in seiner Anklage, „die auf rücksichtslose Fiskalität" geht, wenig Objektivität bewahrt.

Ich will das zuerst mit der Besprechung der Ziffern über die eingelegten Rechtsmittel dartun. Leider läßt sich das Material über die Anfechtung der Veranlagung durch die Steuersubjekte mit der Statistik der Beanstandungen nicht in direkten Vergleich stellen. Unsere Untersuchung würde zu einem schärferen Urteile kommen, wenn bei den Berufungen und Beschwerden die Trennung nach der Steuergrenze von unter und über 3000 Mk. für die ganze Zeit vorhanden wäre. Diese Unterscheidung können wir nach unseren Quellen erst vom Jahre 1906 an machen; für die frühere Zeit haben wir das erste Jahr der Veranlagung zur Verfügung. Weit mehr trübt die Vergleichung, daß die Nachweisungen nur den Jahresbetrag enthalten, um den infolge der Berufungen und Beschwerden der Steuerpflichtigen eine Ermäßigung, und infolge des gleichen Rechtsmittels der Vorsitzenden der Veranlagungs- und Berufungskommissionen eine Erhöhung der in erster Instanz vorgeschriebenen Steuer eingetreten ist. Wir kennen aber nicht die Summe, die den Rechtsmittelwerbern in der ersten Instanz vorgeschrieben oder die rechtskräftig, also endgültig veranlagt wurde. Wir erfahren nur den Jahresbetrag an Steuerabgängen infolge der berücksichtigten Rechtsmittel und das Verhältnis dieses Betrages zu dem Veranlagungssoll. In welchem Verhältnisse also die ersten Instanzen

---

[1] Internationale Wochenschrift für Wissenschaft, Kunst und Technik, 1909, S. 517.

unrecht getan haben, und um welchen Prozentsatz Ermäßigung oder Erhöhung der Steuer eintritt, darüber fehlt der Bericht. Wir können also das Resultat nicht so plastisch darstellen, wie bei den Ziffern der Beanstandungen, und daher auch nicht sagen, der Erfolg der Rechtsmittel bedeute eine Ermäßigung des so und sovielten Teiles der individuell vorgeschriebenen Steuersumme; wir erfahren nur das Verhältnis des ganzen Steuerabganges zu dem ganzen Veranlagungssoll.

Zur Beleuchtung dieses Entlastungskampfes im Wege Rechtens wäre eine Erbreiterung der Statistik dringend notwendig. Soll einmal das Gebiet der Steuertechnik theoretisch erschlossen werden, so muß der Anfang mit der Veröffentlichung und Verarbeitung des statistischen Materiales gemacht werden.

Wir müssen das Material, das die Tabelle II bringt, nehmen, wie es vorliegt. Auch so lehrt es vieles klar und deutlich; manches kann nicht unrichtig verstanden werden.

Zweifellos ist der Kampf gegen die Veranlagung erster Instanz ein sehr intensiver (Tabelle II A, S. 36). Die Unzufriedenheit ist eine große, die absolute Ziffer geradezu verblüffend. Der Kampf setzt vom Beginne scharf an; die Steuerpflichtigen wehren sich; wenn nichts dahinter steckt, ein gutes Zeichen im Kampf ums Recht. Die Entwicklung bis zum Jahre 1900 könnte befriedigen und beruhigen. Es dauert eben eine geraume Zeit, ehe sich die Bevölkerung und Verwaltung in ein neues Steuergesetz einleben. In dem Sinne ist jede neue Steuer schlecht. Trotzdem die Zahl der Zensiten vom Jahre 1892 bis 1901 um 49,2% gestiegen ist, geht die absolute Zahl der Berufungen mit einer einzigen Ausnahme (1895) jedes Jahr bis 1897 zurück. Noch günstiger steht es um die Relativzahl. Auf 1000 Zensiten entfallen 1892 126,5 Berufungen; schon das nächste Jahr zeigt einen bedeutenden Rückgang (98,8), der bis 1900 anhält und in diesem Jahre die geringste Ziffer (70,9) erreicht.

Steuerträger und Steuerverwaltung beginnen sich anzupassen und zu verstehen. Doch die erfreuliche Besserung hält nicht an. Es will nicht viel bedeuten, daß vom Jahre 1897 die absoluten Zahlen der Berufungen bedeutend und konstant bis zum Jahre 1905 ansteigen. Es wächst ja auch von Jahr zu Jahr die Zahl der Zensiten.

Die deutlicher sprechenden Relativzahlen lassen zuerst eine ziemlich bedeutende Steigerung erkennen (76,2 und 83,2); darauf erfolgt ein Rückgang (80,9 und 79,6), im Jahre 1905 eine stärkere Reaktion (81,4). Der Krankheitsprozeß zeigt deutlich die Unruhe. Das letzte

Tabelle II.

Jahr	A Berufungen sind eingelegt überhaupt	A auf 1000 Zensiten	A Berücksichtigt sind die Berufungen der Steuerpflichtigen % der Gesamtzahl	B Beschwerden sind eingelegt überhaupt	B auf 1000 Zensiten	B Berücksichtigt sind %	C Steuerabgang infolge berücksichtigter Berufungen und Beschwerden Mark	C % des Veranlagungssolls
1892	323 037	126,5	68,1	14 167	5,5	50,5	3 486 122	2,8
1893	256 753	98,8	73,1	12 557	4,8	38,3	2 783 521	2,3
1894	245 392	92,7	72,8	12 099	4,6	29,9	2 722 046	2,2
1895	250 764	91,7	75,6	8 620	3,2	36,1	2 549 958	2,1
1896	224 254	80,2	76,0	7 344	2,6	35,8	2 310 088	1,8
1897	217 014	74,7	78,5	6 305	2,2	35,9	2 418 757	1,8
1898	223 353	73,1	78,6	6 309	2,1	43,2	2 385 092	1,6
1899	239 595	74,0	79,9	6 024	1,9	42,7	2 579 804	1,6
1900	252 128	70,9	80,9	6 375	1,8	46,8	2 538 321	1,5
1901	290 699	76,2	81,7	7 000	1,8	45,4	5 082 122	2,7
1902	327 477	83,2	82,7	6 475	1,6	40,7	4 910 302	2,6
1903	331 067	80,9	81,8	6 768	1,7	43,2	3 086 511	1,7
1904	345 850	79,6	83,0	6 900	1,6	35,7	3,195 917	1,7
1905	389 354	81,4	83,4	6 701	1,4	35,7	3 758 193	1,9
1906	373 617	75,6	83,0	5 957	1,2	35,9	3 728 472	1,7

Berichtsjahr 1906 bringt wieder plötzlich in den absoluten und relativen Ziffern eine erfreuliche Besserung, in den absoluten die erste nach neun Jahren. Das Jahr 1906 bedeutet den Beginn der Hochkonjunktur; in guten Zeiten hört der Steuerhader auf.

Abschließend müssen wir zu dem Resultat kommen, daß der Kampf der Rechtsmittelwerber ein intensiver ist, viel Arbeit, Verdruß und Unzufriedenheit im Gefolge hat. Kann das Resultat ein anderes sein bei der zweifelhaften Moral, bei den beschränkten Mitteln des Gesetzes und der Veranlagung? Wir werden uns mit den Fragen im vierten Kapitel beschäftigen und deuten hier nur die Gegensätze an. Wir sehen in der Praxis der Besteuerung in erster Instanz Massenerhebungen, summarisch und mechanisch, so gut es eben geht; auf der anderen Seite die Forderung nach individueller Erhebung für jeden einzelnen Fall, soviele Steuerträger, soviele förmliche Veranlagungsprozesse mit dem ganzen technischen Apparat, zum mindesten für jeden Fall der Berufung und Beschwerde.

Relativ betrachtet wäre das Ergebnis ein befriedigendes. Wenn auf 1000 Zensiten im Durchschnitt der Jahre 1901 bis 1905 — das günstige Jahr 1900 lasse ich absichtlich außer Rechnung — fast 80 Berufungen kommen, so scheint mir das Bild in Zahlen kein so unerfreuliches. Von dem Reste von 920 Zensiten müssen wir annehmen, daß er mit der Veranlagung einverstanden oder doch soweit zufrieden ist, daß er seine Sache nicht vor die Berufungsinstanz bringt. Es kann dies verschiedene Gründe haben. Da sind vor allem die Unterschätzten; dann auch viele, denen Unrecht geschieht. Groß wird das Unrecht wohl nicht sein. Denn in Fragen, die die eigene Tasche betreffen, — besonders bei einer unangenehmen Ausgabe — treten die anderen Unlustgefühle stark zurück. Neben der subjektiven Wertschätzung, die die Steuerleistung im Haushalte spielt, wird die Möglichkeit, mit der Berufung einen Erfolg, eine Ermäßigung des Steuersatzes zu erreichen, ein kräftiges Motiv bilden.

Die Wahrscheinlichkeit des Obsiegens ist eine große. Sie steigt von 1894 stetig bis 1902, anfänglich mäßig, dann stärker an; vom Jahre 1900 beträgt sie nie weniger als 80 %. Nur jenes Unrecht ist ein hartes, bei dem die Rechtsmittel in der Regel keine Hülfe bringen. Wollen wir annehmen, daß die Veranlagungskommissionen ein bloßes dekoratives Beiwerk vorstellen und bei der Veranlagung der Vorsitzende, das Büropersonal den maßgebenden Einfluß üben, daß alles Böse von den materiell interessierten Voreinschätzungskommissionen und den fiskalischen Vorsitzenden herrührt, so erweisen sich die Berufungs=

kommissionen als Helfer in der Not. Ich finde in der Entscheidungstätigkeit der Berufungskommissionen keine Merkzeichen der Fiskalität. Fuisting tut ihnen und den Vorsitzenden aufliegendes Unrecht. Die Vorsitzenden der zweiten Instanz, diese arg verlästerten Fiskalisten, sind in der Ausübung ihrer Macht und in der Durchsetzung ihres Willens nicht fiskalisch, nicht antisozial. Es sind gegenüber der reichen Rechtshülfe der Berufungsinstanz ganz geringfügige Anfechtungen, in den letzten Jahren 2 bis 3, die von den Vorsitzenden im Wege der Beschwerde geltend gemacht werden. Während die Zensiten, deren Berufung ergebnislos blieb, häufig die Beschwerde ergreifen, beruhigen sich die Vertreter des Finanzinteresses mit der Entscheidung der Berufungsinstanz. Wäre die Veranlagung in erster Instanz fiskalisch, so machen die zweiten Instanzen mit mehr als 80 % das Unrecht wieder gut. Nebenbei ist die Meinung unrichtig, daß die Veranlagungskommission nur ein Werkzeug des Vorsitzenden bildet. Wäre dem so, gäbe es keine Berufungen der Vorsitzenden, die die Statistik separat ausweist.

Die Tabelle (II B, S. 36) führt uns in das Rechtsleben der letzten Instanz. Die eingelegten Beschwerden zeigen auch hier in den ersten Jahren den intensiven Kampf. Das Rechtsmittel der Beschwerde ist ein außerordentliches, wie die Revision im übrigen Verwaltungsstreitverfahren, beschränkt auf die Rechtsverletzung, auf die „Nichtanwendung oder unrichtige Anwendung des bestehenden Rechts", dann auf die „wesentlichen Mängel des Verfahrens". Es erscheint als schlechtes Zeichen, wenn in einem Verfahren die Zahl der außerordentlichen Rechtsmittel eine große ist. Mangelhafte Rechtsprechung weist deutlich auf unrichtige, fehlerhafte Anwendung des materiellen und formellen Rechts. Das deutet wieder auf ein schlechtes Gesetz oder auf mangelhafte Rechtspflege. Bei der Rechtsprechung in Steuersachen, so sagt man, sind die Steuerorgane Partei; sie sorgen um die Steuer, nicht um das Recht der Steuerträger. Wir lesen es in den Tagesblättern aller Richtungen, in theoretischen Erstlingsversuchen junger und älterer Juristen. Wo die Verwaltung unter Kontrolle des Parlamentes und eines unabhängigen Verwaltungsgerichtes steht, ist Fiskalismus und fiskalischer Parteistandpunkt ein abgenütztes Schlagwort. Die Finanz ist wohl so gut wie die Bevölkerung, aus der sie hervorgeht, und der sie im Kampfe gegenüber steht. Wir erinnern an die Zahl der Beanstandungen im Osten und im Westen. Ist die Steuerunehrlichkeit groß, wächst das Mißtrauen; man traut auch dem Ehrlichen nicht, die Arbeit mehrt sich, Takt und

Anstand schwinden im Gedränge, die Verwaltung tappt im Finstern; schließlich hilft sie sich, wie sie kann. Wer dann hoch über den Parteien und den Schwierigkeiten des Tages zu Gericht sitzt über Beschwerden und nichts sieht als Klagen, der findet natürlich Mängel, Irrtümer, Fehler über Fehler. Das sind die Fälle, die zum Unmut und zur Kritik Anlaß geben. Fuisting sieht nur die Mängel im vollen Licht; er hat nur die Beschwerden vor sich und nicht den günstigen relativen Stand.

Unsere Tabelle lehrt uns, daß relativ die Zahl der Beschwerden von 1892 ununterbrochen sinkt. Die Rechtsprechung des Oberverwaltungsgerichtes trägt gute Früchte. Wir müssen annehmen, daß die Veranlagung sich den Rechtssprüchen anpaßt und die Steuerkräfte sich belehren und beruhigen lassen. Die absolute Zahl der Beschwerden im Jahre 1900 und besonders im folgenden Jahre wird größer; es ist das gleiche Bild, wie bei den Berufungen. Es wirkt das Jahr 1899 nach, das den furchtbaren volkswirtschaftlichen Krach brachte; man rettet, was man retten kann. Schlechte Jahre sind ein Kriterium für die Güte der Veranlagung; hat die Finanz Vertrauen zu den Bekenntnissen, so muß sie in schlechten Jahren die niedrigeren, mageren Einnahmen hinnehmen. Das Vertrauen fehlt, die Steuerorgane halten standhaft an den Ergebnissen der Vorjahre, die Zahl der Rechtsmittel steigt.

Das wirtschaftliche Unwetter und seine Folgen verflüchtigen sich bald; der Rückgang der Beschwerden im Jahre 1902 ist ein namhafter. Die mageren Jahre steigern etwas die Kampfeslust, die 1906 stark nachläßt. Dabei haben wir die fortschreitende Zunahme der Zensiten nicht berücksichtigt. Wenn wir auf diese zurückgreifen, so wird das Urteil ein noch günstigeres. Auf 1000 Zensiten entfallen im Jahre 1892 5,5 Beschwerden; diese Zahl sinkt ziemlich rasch und konsequent. Vom Jahr 1899 an ist es nur noch 1,9 %; auch der Bruchteil wird noch kleiner (1905: 1,4, 1906: 1,2). Wir können also auch hier feststellen, daß der Kampf an Intensität immer mehr einbüßt. Eine solche Besserung ersehen wir allerdings nicht, wenigstens nicht eine so andauernde und befriedigende, wenn wir die Erfolge der Beschwerden betrachten. Schlimm steht es um das erste Jahr der Veranlagung; es wurden 50,5 % der Beschwerden berücksichtigt. Die Veranlagung setzt ernst, vielleicht scharf ein; die Veranlagten stellen sich zahlreich zur Wehr; das Oberverwaltungsgericht greift in den Kampf objektiv ein, jede zweite Beschwerde bleibt Siegerin. Nehmen wir an, daß die Schuld an der Intensität der

Stritte auf seite der Steuerorgane liegt, so folgt aus unserer Statistik, daß in den folgenden fünf Jahren die Fiskalität nachläßt. Die Siege werden nicht mehr so leicht erfochten. Das erfährt vom Jahr 1898 an eine Änderung. Durch sechs Jahre werden die Erfolge größer. Nicht jede zweite, wohl aber mehr als jede dritte Beschwerde wird als begründet erachtet. Das Oberverwaltungsgericht ist zu festen, antifiskalischen Grundsätzen gelangt, die Veranlagungsorgane wollen oder können den Rechtssätzen nicht folgen, die Zensiten nützen die Schwäche der Position aus, in der die Veranlagung steckt. Vom Jahr 1904 sind die Berichte über den Kampf erfreulicher, die Relativzahlen gehen zurück und bewegen sich in den Grenzen der guten Jahre 1895—1897.

Vergegenwärtigen wir uns noch kurz, welche Steuerkräfte in diesen Stritten ums Recht kämpfen und um welche zweifelhafte Fragen der Rechtsmittelweg eingeschlagen wird. Es sind selbstverständlich alle Steuerstufen, alle die sich beschwert erachten ohne Rücksicht, ob sie ein Steuerbekenntnis überreicht haben oder nicht, ohne Rücksicht, ob es förmlich beanstandet wurde, oder ob über die Ziffern des Bekenntnisses in den Einnahmen oder Ausgaben aus reinen Rechtsgründen hinausgegangen wurde. Das ganze Gebiet, soweit es strittig ist, also auch die Tatsachen des Einkommens und Bedürfnisstandes, spiegeln sich in unseren Ziffern.

Wir sehen darin auch jene Individualkämpfe, in denen die Zensiten auf die Beanstandung nicht submittieren und die Steuerorgane von ihrer Anschauung nicht abgehen. Selbstverständlich sind die Bezirke mit hohen Beanstandungsziffern die Sitze der großen Unzufriedenheit und der vielen Rechtsmittel. Eine eingehende statistische Untersuchung hielt ich nicht für notwendig.

Es war ein guter Gedanke, wenigstens die Summen zu registrieren, um welche die Jahressteuer infolge der berücksichtigten Berufungen und Beschwerden geringer wurde (Tab. II C, S. 36). Dieser Steuerabgang betrug in dem ersten Jahre 1892 fast 3,5 Millionen; in den folgenden acht Jahren sank er nicht unter 2,25 Millionen, betrug aber nicht viel über 2,5 Millionen. Dividiert man den Steuerabgang der Jahre durch die Summe der siegreichen Zensiten, so zeigt sich eine kleine Durchschnittsziffer. Die kleinen Leute sind also stark beteiligt. Wir kommen auf diese wichtige Tatsache am Schlusse dieses Kapitels zurück.

Instruktiv sind auch hier die Relativzahlen; von 2,8 % des Veranlagungssolls sinkt der Steuerabgang langsam aber kontinuierlich bis zum Jahre 1900 auf 1,5 %. Die Besserung stört auch hier das abnormale Jahr 1901. Der Steuerabgang steigt auf das Doppelte, auf über 5 Millionen Mk.; er überholt das schlechteste Jahr 1892. Nur der fortschreitenden Summe des Veranlagungssolls ist es zuzuschreiben, daß der Abgang des Jahres 1901 um 0,1 % geringer ist, als der des Jahres 1892. So „außergewöhnlich" ist der Entgang, daß die Statistik sich zu einer aufklärenden Anmerkung genötigt sieht. Sie führt den Grund für den hohen Abgang auf die Änderung der Rechtsprechung des Oberverwaltungsgerichtes über die Steuerpflicht des Agiogewinnes der Aktiengesellschaften zurück.

Die Singularität lehrt, wie vorsichtig derartige statistische Ergebnisse interpretiert werden müssen.

Anormal bleiben die registrierten Erscheinungen des Jahres 1902; ein kleiner Rückgang, mehr kann man nicht sagen. Das „Außergewöhnliche" verliert seine Bedeutung durch die sprechenden Ziffern des Jahres 1903.

Wenn auch für die folgenden Jahre in dem Verhältnisse zu dem Veranlagungssoll keine auffallende Verschlechterung zu konstatieren ist, so schließt von 1905 an unsere Bilanz mit etwas mehr als $^1/_2$ Million Entgang gegenüber den unmittelbaren Vorjahren; im Vergleich zu den Ziffern für die Jahre 1895—1900 um etwas mehr als 1 Million. Materiell bedeutet daher das positive Ergebnis der Rechtsmittel eine nur verhältnismäßig kleine Richtigstellung der Gesamtveranlagung. Materiell fällt namentlich der Abgang durch die Rechtsprechung des Oberverwaltungsgerichtes kaum merklich ins Gewicht. Ein einziges Mal im Jahre 1901 finden wir eine Ausnahme (916 666 Mk.); den Grund kennen wir. Daneben finden wir noch 1895 einen größeren Abgang von 171 479 Mk.; in den übrigen Jahren sind es fünfmal über 57 000 Mk., viermal noch geringere.

Das Einkommensteuergesetz hat durch die Novelle vom Jahre 1906 im Rechtsmittelverfahren eine Änderung erfahren. Durch das Gesetz in der Fassung der Bekanntmachung vom 19. Juni 1906 hat der Steuerpflichtige und der Vorsitzende der Veranlagungskommission bei einer Steuerveranlagung von nicht mehr als 3000 Mk. den Einspruch an die Veranlagungskommission und gegen deren Entscheidung die Berufung an die Berufungskommission. Die Rechtsmittel des kleinen Steuerträgers sind also jetzt der Einspruch und die Berufung, während die Beschwerde nur dann ergriffen werden kann, wenn die Berufungskommission das Einkommen auf mehr als 3000 Mk. festsetzt.

Der kleine Mann ist um seinen Hort gekommen. Der Ausgleich ist das zweite Rechtsmittel, die Berufung, die nicht mehr auf die beiden Fälle der Beschwerde wegen unrichtiger Anwendung des Gesetzes und wegen Mängel im Verfahren beschränkt ist. Die jetzige Berufung ist also allgemeiner zugänglich. Die Entlastung des Oberverwaltungsgerichtes von den Bagatellen der Besteuerung ist eine kluge Maßregel; die Steuer beträgt in der höchsten Stufe (2700 bis 3000) 52 Mk., in den untersten 6, 9, 12, 16, 21 Mk. Es ist eine Kräfteverschwendung, wenn im öffentlichen Rechte Bagatellen einen höchsten Gerichtshof häufig beschäftigen sollen. Warum aber die Frage nicht radikal gelöst und den Pflichtigen bis zu 3000 Mk. nicht eine einzige, aber eine möglichst objektive Rechtsmittelinstanz gegeben wurde? Die Lösung des Gesetzes ist schon deshalb keine glückliche, weil die Belastung der Veranlagungs- und Berufungskommissionen die an und für sich eine sehr große ist, wieder um eine ungeheure Menge vermehrt wird.

Die Mitteilungen aus der Verwaltung der direkten Steuern bringen im 52. Hefte die Resultate des Jahres 1907, von dem ab das neue Rechtsmittelverfahren in Wirksamkeit trat; sie setzen diesen Ziffern die entsprechend gruppierten des Jahres 1906 bei, so daß schon jetzt eine Vergleichung möglich ist.

Wir müssen unterscheiden bei Steuerpflichtigen mit Einkommen bis zu 3000 Mk.:

Das erste Rechtsmittel.

1906   347 246, auf 1000 Steuerpflichtige 83,8 Berufungen, davon berücksichtigt 84,6 % der Gesamtzahl,

1907   600 065[1], auf 1000 Steuerpflichtige 117,9 Einsprüche, davon berücksichtigt 76,1 % der Gesamtzahl.

Das zweite Rechtsmittel.

1906   4 073, auf 1000 Steuerpflichtige 1,0 Beschwerden, davon berücksichtigt 36,2 % der Gesamtzahl,

1907   17 627, auf 1000 Steuerpflichtige 3,5 Berufungen, davon berücksichtigt 45,4 % der Gesamtzahl.

---

[1] Von dieser Riesensumme entfallen fast 97 000 auf Berlin und 92 000 auf Düsseldorf; an dritter Stelle steht Arnsberg mit mehr als 58 000 und Potsdam mit 50 505; dann kommt ein weiter Abstand, über 20 000: Oppeln und Cöln; 19 549 Breslau, 18 182 Münster, 15 640 Wiesbaden, und über 10 000: Schleswig, Trier, Magdeburg, Merseburg, Kassel, Frankfurt, Posen; von den übrigen 20 Bezirken halten sich 10 über 5000 und 10 unter 5000 Einsprüchen. In diesen Zahlen sind insgesamt 1141 Einsprüche der Vorsitzenden der Veranlagungskommissionen inbegriffen.

Ziehen wir den Zuwachs an veranlagten Steuerpflichtigen 4 146 093 (1906) auf 5 090 601 (1907) in Rechnung, so sehen wir ein unheimliches Anwachsen der Rechtsmittel in erster und zweiter Instanz. Die Zensiten versuchen auf dem neuen leichteren Rechtswege die Steuerlast zu mindern. Ein richtiges Urteil wird man erst sprechen können, wenn diese neuen Einrichtungen eine längere Reihe von Jahren bestanden und sich eingelebt haben. Die Tätigkeit der Veranlagungskommissionen als Rechtsmittelinstanzen war nach der Zahl der berücksichtigten Fälle um 8,5 % strenger; dagegen haben die fiskalischen Berufungskommissionen ihr neues Amt liberaler gehandhabt als das Beschwerdegericht; der Erfolg wächst um 9,2 %. Auch die Summe des Steuerabganges infolge berücksichtigter Rechtsmittel ist erheblich gestiegen. Es ist ein Abgang von:

    1906 2 473 586 Mark = 4,1 % des Veranlagungssolls,
    1907 3 772 165 = = 5,1 % =

Wir stehen vor einer Leistung der Steuerorgane, an die nur ein Maßstab gelegt werden kann; der Verwaltungsapparat, der diese Arbeit vollbringt, verdient hohe Anerkennung. Kann man 600 000 Fälle individuell eingehend erledigen? Wo im Rechtssystem gibt es ein Analogon? Die Kritik hat es leicht, da anzusetzen.

Vom Standpunkte gerechter Besteuerung werden wir im Zusammenhange mit dem Komplexe der Fragen von dieser Massenarbeit im letzten Kapitel handeln.

Bei den Rechtsmitteln der Steuerpflichtigen mit Einkommen über 3000 Mk. bewegen sich die Ergebnisse in normalen Grenzen. Es betrugen die Berufungen:

    1906 26 371, auf 1000 Steuerpflichtige 49,9, berücksichtigt 61,6 %
    1907 33 960, = 1000   57,7,   =   61,6 %

Beschwerden wurden überreicht:

    1906 1 884, auf 1000 Steuerpflichtige 3,5, berücksichtigt 35,1 %
    1907 2 031, = 1000   =   3,5,   37,5 %

Der Steuerabgang erreichte im Jahre 1906: 1 254 888 Mk. = 0,8 % des Veranlagungssolls, im Jahre 1907: 1 798 868 Mk. = 1,1 % des Veranlagungssolls. Die veranlagten Steuerpflichtigen betrugen 1906: 528 176, 1907: 588 610.

Nach diesen Ziffern erscheint absolut die Beteiligung der großen und größten Einkommen an den Rechtsmitteln eine weitaus geringere als die der kleinen Einkommen. Auch für diese höheren Einkommensstufen ist der erzielte Gewinn durchschnittlich ein mäßiger. Auf den Kopf des siegreichen Rechtsmittelwerbers käme bei den Einkommen bis 3000 Mk. eine Ermäßigung von 8,37 Mk. im Jahre 1906 und 8,12 Mk. im Jahre 1907, bei den Einkommen über 3000 Mk. von 74,24 Mk. und 82,97 Mk.

Die Berufungen und Beschwerden haben sich in weiten Kreisen als aussichtsvolle Rechtsmittel bewährt. Kleine und große Steuerpflichtige nehmen den Rechtsschutz in Anspruch. Ihre Aussichten sind nicht schlecht und die Freude an dem gewonnenen Stritte wird gemindert durch den Aufwand von Verdruß, Mühe und Kosten. Soweit da die kleinen Leute mittun, ist der Kampf nicht lohnend und nicht erhebend. Ein so großer Aufwand von Arbeit für Staat und Steuerträger und ein so kleiner materieller Erfolg! Hat am Ende Fuisting nicht recht, wenn der fiskalische Fiskus die braven Steuerpflichtigen ihr Recht erkämpfen heischt, statt es ihnen ohne Kampf friedlich zu gewähren? Die Hunderttausende, die Einspruch und Berufung einlegen müssen, die Tausende, die zur Beschwerde gedrängt werden, noch dazu mit den bedeutenden Erfolgziffern! Wo steckt das Recht? Wer verhindert, daß es segensreich wirke, wie sonst im gesunden Rechtsorganismus?

An dieser Stelle soll nur ein Punkt aufgeklärt werden. Um die Wirkung nicht abzuschwächen, die die Rechtsmittelziffern auf den unbefangenen Leser ausüben müssen, haben wir den Vergleich der Ergebnisse des letzten Jahres der Geltung des alten Einkommensteuergesetzes mit denen der ersten Veranlagung unter der Herrschaft des neuen Rechts für den Schluß aufgespart. Die folgende Übersicht belehrt uns, daß die Unzufriedenheit unter dem alten, milden Gesetze die gleiche, stellenweise eine größere war, als die unter dem neuen.

	Zahl der Zensiten	Rechtsmittel eingelegt	von diesen berücksichtigt	Veranlagungssoll ermäßigt
Einkommen von nicht mehr als 3000 Mk.:				
1891	1 743 368	155 368 8,9 %	56,7 %	728 906 2,6 %
1892	2 118 960	276 167 13 %	69,6 %	1 620 812 4,9 %
Einkommen von mehr als 3000 Mk.:				
1891/92	254 270	25 893 10,2 %	55,2 %	772 264 1,5 %
1892/92	318 917	35 737 11,2 %	49,9 %	1 321 807 1,4 %

Gegen die Entscheidungen der Berufungskommissionen sind 13 061 Beschwerden an das Oberverwaltungsgericht eingelegt worden; es entfallen auf je 1000 Steuerpflichtige 5,4, auf je 1000 Berufungen

41,9 Beschwerden. Zum Vergleiche mit dem Jahre 1891/92 ist den Beschwerden die Summe der Rekurse von Klassensteuerpflichtigen der Stufen 3—12, das sind 18 822, dann die Reklamationen von Einkommensteuerpflichtigen, das sind 4096, also im ganzen 22 918 gegenüberzustellen, also: 11,5 auf je 1000 Steuerpflichtige und 126,4 auf je 1000 erhobene Rechtsmittel. Hiernach fällt die prozentuale Vermehrung in der Zahl der Rechtsmittel überwiegend auf die Einkommen unter 3000 Mk.; bei den Einkommen über 3000 Mk. weichen die Verhältniszahlen für beide Jahre nur wenig voneinander ab. Die Zunahme im Gebrauch von Rechtsmitteln in den unteren Einkommensstufen wird zum Teil damit erklärt, daß nach dem neuen Verfahren die sämtlichen Zensiten ein besonderes Veranlagungsschreiben erhalten, während früher die Klassensteuerpflichtigen auf die Einsicht der aufgelegten Rollen angewiesen waren. Dagegen ist für das Jahr 1892/93 eine beträchtliche Abnahme im Gebrauche des zweiten Rechtsmittels zu konstatieren. Die großen Ziffern, die uns stutzig machen, rühren von den Rechtsmitteln der kleinen Steuerträger her. Diese haben remonstriert und reklamiert, als die materielle Steuerpflicht eine kleine, die formelle eine lose war. Unter dem alten Gesetze, das von jedem tieferen und lästigen Eindringen in die Vermögens- und Einkommensverhältnisse absah, war die Veranlagung der Steuer dem Ermessen der Einschätzungskommission überlassen. Der Schwerpunkt des Veranlagungsverfahrens lag in der Remonstrations- und Reklamationsinstanz. Daher die große Ziffer der Rechtsmittel im alten Verfahren, die das neue als Erbteil mitübernommen hat. Von diesem Herkommen, das sich von den Vätern überliefert hat auf die Nachkommen, von der traditionellen Rechtsgewohnheit spricht Fuisting nicht.

IV.

Die rechtswidrige Entlastung und das strafbare Unrecht.
(Die Ergebnisse des Strafverfahrens.)

In meinen „Beiträgen zur Lehre vom Finanzunrechte"[1] habe ich wie oft zuvor und nachher der Wissenschaft den Vorwurf nicht ersparen können, daß sie der Erforschung der Lehre vom strafbaren

---

[1] S. 8 ff.

Finanzunrechte aus dem Wege geht oder sie auf ihren Wegen ganz beiseite liegen läßt. Meine Klage richtete sich damals gegen die Finanzwissenschaft, das Strafrecht und Verwaltungsrecht. Seit der Zeit haben die Juristen bedeutsame Fortschritte gemacht. Die Finanzwissenschaft ist aber über die Anfänge der Lehre von der Steuertechnik, zu der für sie das Finanzstrafrecht[1] gehört, nicht hinausgekommen. Damals habe ich es im besonderen beklagt, daß Vocke in seinem großen Werke: „Die Abgaben, Auflagen und die Steuer vom Standpunkte der Geschichte und der Sittlichkeit" so wenig neues und nicht vieles, was zu einer Grundlegung geeignet wäre, zutage gefördert hat. Von einem theoretisch so hervorragenden Praktiker muß es auffallen, so meinte ich, daß er zu dem Problem nicht Stellung nimmt, wie sich die großen Gerechtigkeitsideen der klassischen Finanzwissenschaft in Rechtssätze umstellen und realisieren lassen. Vocke antwortet in der Rezension[2] meiner Schrift. Er gibt die Berechtigung der Klage zu und klärt auch den Grund auf. „Wir dürfen uns aber glücklich schätzen, daß unsere Steuerverhältnisse zu einer solchen Entwicklung der Theorie wenig Anlaß gegeben haben." Ob er diesen Satz heute unterschreiben würde, nach den Ergebnissen der Beanstandungen, nach den Stimmen, die über die Steuerveranlagung aus Anlaß des Delbrückschen Feldzuges gegen die Unterdeklarationen und Defraudationen von verschiedensten Seiten an die Öffentlichkeit gebracht wurden? Wer diesen Dokumenten keine Beweiskraft zuerkennt, den werden vielleicht die Verhandlungen im Abgeordneten- und Herrenhause und die Materialien zur Novelle vom 18. Juni 1907 überzeugen. Und wie denkt Vocke selbst in seinem Buche über die Frage? Dort finden wir auf Seite 487 einen Satz, der seine Behauptung direkt widerlegt. „Es ist eine bekannte Sache, daß nur die Besoldeten nach dem Maße ihres wirklichen Einkommens, soweit es in Gehalt besteht, richtig besteuert sind. Bei den Grundbesitzern, Industriellen, Kaufleuten und Kapitalisten aber ist die Einkommensteuer nur eine große Lüge." Wie sich der gute oder schlechte Ruf eines Volkes bildet, dem nachzugehen wird wohl nicht leicht

---

[1] Die meisten Lehr- und Handbücher, die Artikel in den großen Wörterbüchern bringen in der Regel kaum mehr als den Abdruck des Gesetzestextes. Und doch wäre es nicht so schwer, ein paar Gesichtspunkte zu bringen. Dabei fehlt es gar nicht an dogmatischer Verarbeitung des preußischen Rechts. Ich erwähne den kurzen und gut einführenden Artikel von Friedberg (Preußisches Verwaltungs-Blatt, Jahrg. XIX, S. 53) und die umfangreichere, eingehende Untersuchung von Droste (Verwaltungsarchiv Bd. 8, S. 348 ff.).

[2] Finanzarchiv, IX. Jahrg., 1. Bd., S. 363.

sein. Daß die Literatur da mitspielt, scheint fraglos zu sein. Ich will nicht den Scharfsinn oder die Beobachtungsgabe der Österreicher hervorheben, wenn ich darauf hinweise, daß kaum eine neuere österreichische Untersuchung die Defraude bei der Einkommensteuer aus dem Jahre 1849 unerwähnt läßt.

Meine Nachforschungen nach den Zuständen unter der Herrschaft der preußischen Einkommensteuer vom 1. Mai 1851 haben mich zu keiner Quelle geführt, die das strafbare Unrecht erkennt und ebenso offen ausspricht. In dem Buche von Bergius[1], das als „preußische Finanzwissenschaft" bezeichnet wird, finden wir aus einem Kommissionsberichte vom 27. Februar 1865 einige Zahlen aus der Veranlagung von 1852 und 1864; ich möchte einige hier wiederholen, weil sie deutlich sprechen. Die Veranlagung der klassifizierten Einkommensteuer ergab:

	1852	1864
im Staate	2 708 484 Taler	3 565 112 Taler
in Berlin	357 724 "	676 924 "

Die Zahl der Zensiten betrug:

	1852	1864
im Staate	43 391	68 111
in Berlin	8 170	11 539

Dazu setzt Bergius, der nicht zu den Gegnern[2] der Einkommensteuer zu rechnen ist, die Prozentsätze der Steigerung und scheint offenbar befriedigt. Den Strafbestimmungen des Gesetzes fügt er den klugen Rat von Ruppenthal, den Ärmeren Geldstrafen, den Reicheren Gefängnis aufzuerlegen, hinzu. Dann bringt er ohne Vermittlung das lehrreiche Zirkular des Finanzministers v. Patow vom 24. Oktober 1860 wegen der zu niedrigen Veranlagung der ländlichen, besonders der größeren Grundbesitzer, das noch heute oder richtiger heute wieder von besonderer Aktualität ist, und in einer Anmerkung, aber schon zur englischen Einkommensteuer, den bekannten herrlichen Brief des Oberpräsidenten Vincke an Stein über die Einkommensteuer. Soll das die Kritik der Steuerveranlagung sein? Ich habe nach dem Strafrecht der alten Steuer geforscht, andere Handbücher der Finanzwissenschaft aufgeschlagen und da noch weniger gefunden. In den reichen literarischen Erörterungen über die Frage der Unterdeklarationen bei der preußischen Ergänzungs- und Einkommensteuer war die Frage nach dem Strafrechte kaum nur berührt. Findet man sonst wo Rechtsunsicherheit, häufiges Unrecht, so fragt

---

[1] 1. Aufl. S. 345 ff.
[2] Ebenda, S. 268 u. 269.

man doch nach dem Stande der Polizei, des Strafrechtes, des Verfahrens und der Gerichte. Und noch ein Beispiel aus der Gegenwart, wie sich der gute und schlechte Ruf bildet! Conrad, der im wissenschaftlichen Range hoch über Bergius steht, spricht in seinem Schlußworte zu dem Artikel Einkommensteuer in dem Handwörterbuche der Staatswissenschaften[1] auch von der lehrreichen Statistik über die Bestrafungen und die Heraufsetzungen der deklarierten Einkommenssummen. Er stellt fest: „Die Übersicht ergibt, daß unzulängliche Deklarationen in Preußen noch in größerer Ausdehnung vorkommen und daher ein energisches Eingreifen der Kommissionen unerläßlich ist, das sich als sehr erfolgreich erwiesen hat." Conrad warnt vor Überschätzung der hohen Zahlen und fügt als Begründung bei: „Die verhältnismäßig geringe Zahl der Bestrafungen, die ihnen gegenübersteht, zeigt, daß es sich mehr um falsche Auffassung der gesetzlichen Bestimmungen handelt, als um bösen Willen, und die Abnahme der Zahlen in den vorliegenden Jahren läßt erkennen, daß sich das Verständnis wie der gute Wille heben." Aus der kleinen Zahl der Bestrafungen schließt Conrad auf eine gute Steuermoral. Die Zahl der Straffälle ist tatsächlich geringfügig. Fast ebenso geringfügig waren die Straffälle nach der österreichischen Einkommensteuer vom Jahre 1849, gleichgültig, ob man die Anzahl der Bestraften oder die Höhe der Strafe nimmt, noch auffallender, wenn man ihre relative Höhe zu bestimmen versucht. Wir verdanken die Kenntnis dieser interessanten Daten der ersten Studie des Statistikers Ferdinand Schmid, „die Finanzstrafjustiz auf dem Gebiete der direkten Steuer in Österreich und ihre Ergebnisse während der Jahre 1873 bis 1885[2]."

Nur zum Vergleiche einige Ziffern:

Jahr	An Einkommensteuerstrafen wurden verhängt				Defraudationsfälle auf 100 000 Einkommensteuerpflichtige
	Ordnungsstrafen		Strafen für dolose Defraudation		
	Anzahl	Betrag in Gulden	Anzahl	Betrag in Gulden	
1873	1222	5 453	20	395	5,25
1876	2093	10 818	68	2 790	16,26
1879	2396	13 645	154	4 911	34,86
1882	1956	13 977	120	4 147	24,98
1885	2082	10 801	123	26 951	23,98

---

[1] 3. Aufl. III. Bd. S. 765. Vergl. dazu die 2. Aufl. II. Bd. S. 381.
[2] Statistische Monatsschrift, 1887, S. A. S. 29.

Und von dieser Einkommensteuer gab der Finanzminister Stein=
bach am 19. Februar 1892 bei der Vorlage des Gesetzentwurfes
über die direkten Personalsteuern „die beste und die bündigste Kritik",
indem er sagte, sie sei „die eigentliche Heimat der Steuerlüge unserer
direkten Besteuerung".

Nach den statistischen Daten, die dem Motivenberichte zur
Reformvorlage angeschlossen wurden, geht mit „Sicherheit" hervor,
„daß von den steuerpflichtigen Erträgnissen der privaten Erwerbs=
unternehmungen nicht etwa bloß in Ausnahmefällen, sondern im
Durchschnitte höchstens ein Drittel der Besteuerung unterzogen wird;
einbekannt, fatiert wird natürlich ein noch erheblich geringerer Teil".
Es war kein fiskalischer Finanzminister, der so sprach.

Aus den Ergebnissen der Strafstatistik läßt sich also ein Schluß
auf gute oder schlechte Steuermoral nicht ziehen. Die Gründe,
warum in Österreich früher und jetzt die Strafen bei den Hinter=
ziehungen der Einkommensteuer so selten waren, warum der Straf=
fälle in Preußen so wenige sind, liegen in der mangelhaften Technik.
Die preußische Type des Strafrechts der Einkommensteuer funktioniert
nicht und kann nicht gute Dienste leisten; dieser Rechtsschutz versagt.
Die theoretisch feine Konstruktion der Einkommensteuer hat einen
groben Fehler; der gute Gang hängt von zwei Rädern ab, die in
der Praxis schlecht laufen. Es ist das subjektive Bekenntnis, das
unverläßlich funktioniert, und das Strafrecht, das da nicht entsprechend
eingreift. Diese Überzeugung hatte ich gewonnen und ausgesprochen,
als der österreichische Entwurf die preußische Technik akzeptierte.
Kaizl ist meiner Meinung bald beigetreten[1]. Ich habe sie im folgen=
den zu begründen.

Die erste Veröffentlichung dieser interessanten Statistik in den
„Mitteilungen" erfolgte für das Jahr 1893/94; ich will auf diese
nicht zurückgehen und nur die Frage aufwerfen, warum wohl die
weitere Publikation bis zum Jahre 1897/98 ruhen blieb? In diesem
Jahre betrug die Zahl der anhängig gewesenen Untersuchungen wegen
Zuwiderhandlungen gegen das Einkommensteuergesetz und das Er=
gänzungssteuergesetz 1686 Fälle, im nächsten Jahre 1622. Selbst
diese geringe Zahl wurde in den folgenden Jahren nicht mehr erreicht.
Die Straffälle von 1899 und 1907 sind die geringsten — 1284
und 1232; die übrigen differieren um 100—200, das Jahr 1904/05
um etwas mehr (1569) Fälle. Wir können getrost die Fälle der

---

[1] Vgl. mein Strafrecht der österr. Einkommensteuer, S. 49.

Tabelle III.

1	2	3	4	5	10	11	12	13	14
Post Nr.	Jahr	Strafverfahren sind anhängig gemacht			Sogleich zur gerichtlichen Entscheidung abgegeben				
		überhaupt	wegen Zuwiderhandlungen gegen § 66 jetzt § 72 Eink.-Ges.		Fälle	Hiervon			
						rechtskräftig entschieden			schweben noch unerledigte Fälle
			Abs. 1	Abs. 2		Fälle	erkannte Strafe Mk.	Freisprechung	
1	1. Okt. 1897 bis 30. Sept. 1898	1686	957	545	134	49	10 999	9	85
2	1. = 1898 = 30. = 1899	1622 / *215	900 / 158	474 / 44	226 / 74	147 / 53	54 039 / 14 549	48 / 29	76 / 15
3	1. = 1899 = 30. = 1900	1284 / *253	704 / 151	413 / 44	119 / 80	56 / 60	7 396 / 33 613	25 / 20	63 / 18
4	1. = 1900 = 30. = 1901	1327 / *228	742 / 153	387 / 36	100 / 63	50 / 22	19 504 / 15 490	15 / 18	47 / 19
5	1. = 1901 = 30. = 1902	1317 / *271	743 / 189	338 / 41	90 / 67	28 / 23	11 774 / 7 632	12 / 15	48 / 26
6	1. = 1902 = 30. = 1903	1476 / *280	878 / 211	365 / 36	126 / 90	30 / 27	51 075 / 155 587	18 / 21	77 / 37
7	1. = 1903 = 30. = 1904	1465	863	357	135	36	12 812	17	78
8	1. = 1904 = 30. = 1905	1569 / *285	982 / 191	332 / 32	248 / 109	82 / 38	73 510 / 26 867	50 / 27	107 / 35
9	1. = 1905 = 30. = 1906	1439	868	381	150	41	6 969	15	91
10	1. = 1906 = 30. = 1907	1471 / *263	877 / 201	377 / 37	246 / 118	80 / 33	38 993 / 58 712	36 / 36	117 / 43
11	1. = 1907 = 30. = 1908	1232	579	231	131	48	5 767	11	68

Anmerkung 1. Die Rubriken tragen im Kopfe der Tabelle die Nummern der statistischen Übersichtlichkeit und Raum nicht reproduziert wurden.
2. Bei Post Zahlen 2, 8, 10 sind nur die Endsummen, nicht die Ziffern
3. * Zahl der in den Vorjahren anhängigen, am Jahresschluß noch nicht

Ergänzungssteuerstrafen nach § 43, Abs. 1 und 2, vernachlässigen; sie sind minimal (Rubrik der statistischen Ausweise 6 und 7). Weiter bringt die Statistik in der Rubrik 8 die Übertretungen des § 46 Ergänzungssteuergesetzes zusammen mit jenen des § 68 Einkommensteuergesetzes, die ersteren lassen sich nicht ausscheiden.

Außer Betracht bleiben die Fälle, in denen nach § 66, Abs. 1 und 2 Einkommensteuergesetzes Zuwiderhandlungen mit solchen gegen das Ergänzungssteuergesetz konkurrieren und gestraft wurden, für die die Statistik eine besondere Rubrik (9) besitzt[1]. Auch die

---

[1] Das statistische Material ist recht mangelhaft. Man begegnet öfters

51

Tabelle III.

15	16	17	18	20	21	22	23	24	25
Vorläufige Straffestsetzungen durch die Regierung erlassen		Ist die Strafe bezahlt in Fällen	Betrag	Von Spalte 15 sind zur gerichtlichen Entscheidung abgegeben					In den beendigten Strafsachen (Spalten 11, 17, 21) festgesetzte Nachsteuer
				Fälle	rechtskräftig entschieden			un- er- ledigt	
Fälle	festgesetzte Strafe Mk.		Mk.		Fälle	erkannte Strafe Mk.	Frei- spre- chung		Mk.
1552	426 592	1343	387 616	72	39	1270	15	33	146 141
1396	485 172	1171	434 609	109	76	1891	25	31	180 801
141	42 159	101	27 623	38	34	2316	14	4	17 104
1165	363 486	974	338 669	51	19	659	5	31	158 588
173	21 587	118	10 256	55	43	2299	15	9	13 418
1227	532 661	1045	466 888	80	27	199	12	53	152 764
165	64 495	96	58 961	68	37	1150	18	12	20 017
1227	344 735	1015	287 187	71	10	430	9	52	153 821
202	48 564	129	31 293	70	43	2895	9	18	12 923
1348	411 870	1153	345 754	64	27	1259	8	29	199 569
190	79 636	126	42 490	58	31	3315	10	14	42 333
1326	454 896	1097	363 373	66	31	2926	6	27	227 623
1316	416 092	1084	336 377	82	32	4150	19	31	188 490
176	69 558	128	32 097	38	11	2124	12	15	22 878
1284	295 754	1129	238 125	37	10	1669	6	19	153 255
1225	295 401	1034	238 100	77	29	2079	11	35	207 031
145	42 617	97	21 294	38	16	894	12	10	41 305
1096	215 855	873	153 033	84	23	1460	8	53	190 742

stischen Nachweisungen, von denen die Rubriken 6, 7, 8, 9 und 19 aus Rücksichten auf

in den einzelnen Bezirken veröffentlicht.

beendigten Straffälle, für Post Zahlen 1, 7, 9 und 11 nicht veröffentlicht.

Rubrik 19 erscheint für unsere Zwecke belanglos. Wir haben hiermit auch die Kategorien angedeutet, mit denen sich die Statistik des Strafrechtes der Einkommensteuer beschäftigt. Wir bringen die Ergebnisse in der Tabelle III (S. 50 und 51). Es sind die Straftaten des § 66, Abs. 1, des § 66, Abs. 2 und des § 68 Einkommensteuergesetzes; in der Fassung vom 19. Juni 1906 sind es die §§ 72, Abs. 1 und 2, und 74. Der § 74 enthält die Strafen auf Ordnungswidrigkeiten,

---

aufliegenden Fehlern oder steht vor Fragen, die aus dem Materiale nicht zu beantworten sind. Wir sind der Sache nicht weiter nachgegangen, in den Hauptpunkten ist eine irrtümliche Auffassung nicht möglich.

4*

Übertretungen der Auskunftspflicht der Hausbesitzer und Haushaltungsvorstände, Dienstgeber (§ 23) und der Meldungsvorschriften des § 66. Das Unrecht gehört dem Ordnungsstrafrechte an, es ist bei der Veranlagung von geringer Bedeutung. Der Sitz des eigentlichen und spezifischen Strafrechtes der Einkommensteuer ist der § 72, der zwei Straftaten, eine schwere und eine leichtere mit differierenden Strafsätzen, enthält. Der objektive Tatbestand ist bei beiden derselbe. Kurz definiert, sind es unrichtige oder unvollständige Angaben, dann Verschweigungen von steuerpflichtigen Einkommen in dem Bekenntnisse oder bei anderem Vorbringen im Steuerverfahren, die geeignet sind, zur Verkürzung der Steuer zu führen. In beiden Fällen muß der Übertreter wissen, daß die Angaben unrichtig und unvollständig sind. Im subjektiven Teile liegt der Unterschied. Die Straftat wird eine schwere, streng gestrafte, wenn die Merkmale begleitet sind von der Absicht, die Steuer zu hinterziehen; die Strafe ist das vier- bis zehnfache der versuchten oder gelungenen Steuerverkürzung. Fehlt der Dolus, so liegt die leichte Straftat des § 72, Abs. 2 vor und die Strafe beträgt 20—100 Mk.

In jedem einzelnen Falle ist also zu untersuchen, ob die unrichtige oder unvollständige Angabe, die Verschweigung im Steuerbekenntnisse mit der Absicht geschehen ist, um die Steuer ganz oder zum Teile zu hinterziehen. Gehört es mit zu den schwierigsten Aufgaben, bei der Heimlichkeit gewisser Einkommen die Unwahrheit der Angaben, dort wo die Tatsachen nicht offen liegen, festzustellen, wie und womit kann man die innere Gesinnung erforschen? Und das in einem Rechtsgebiete, wo die Moral, die Ehrlichkeit der Bevölkerung erst anerzogen werden muß. Dem Gebote, in Steuersachen wahr und ehrlich zu sein, fehlt vor allem die Verbreitung des ethischen Pflichtgebotes. Wie viele können von sich in steuerrechtlichen Dingen sagen, „ich unterlasse das Böse, weil es meiner Natur zuwiderläuft." Wir kennen die Gründe; es sind ethische, rechtliche, wirtschaftliche und politische. Das Steuerrecht wurzelt nach der geschichtlichen Entwicklung nicht im Volksbewußtsein, sein Unrecht nicht in allgemeinen Rechtsbegriffen und ethischem Pflichtbewußtsein. Steuerehre und Wohlverhaltenheit können von Haus nicht präsumiert werden. Das Steuerorgan hat nach den Erfahrungen, die es bei der Prüfung der Bekenntnisse macht, genügend Gründe, niemandem zu glauben. Das beweist die Statistik. Dazu die „notorischen Mißstände", die bald in der Presse, bald in der Volksvertretung aufgedeckt[1] werden. Wer den Fällen nicht glaubt, die in den Preußischen Jahrbüchern zur öffentlichen Erörterung gelangt sind, der lese die ausgewählte Kollektion über die Straffälle, die die Regierung in den „Mitteilungen aus der Verwaltung der direkten Steuern" (Nr. 40 Seite 89 ff.) zum Besten gibt.

Für jene Kreise, denen unsere Quelle nicht zur Verfügung steht, haben wir aus den 27 Defraudationsfällen eine engere Auswahl veranstaltet; sie soll zur Illustration der Moral in den oberen Schichten dienen:

Ein Fabrikant hat sein Einkommen in drei Steuerjahren fatiert mit 41155, 45288 und 55847. In Wirklichkeit beläuft sich das Einkommen mit 71337, 65584, 60087. Die hinterzogene Steuer betrug 2080 Mk.; die Strafe von 20800 Mk. wurde von der Regierung mit Rücksicht auf die angesehene Stellung des Kontravenienten festgesetzt. Der Fabrikant hat sie bezahlt, nachdem er „mit Entrüstung" gegen jede Beanstandung des Bekenntnisses sich gewehrt hatte. Die Inhaber einer Weingroßhandlung, die ein hohes Ansehen genossen, Ehrenstellen bekleideten und die Beanstandungen ihrer Erklärungen zuerst als einen unverdienten Schimpf zurückwiesen, haben in sechs aufeinander folgenden Jahren rund 590000 Mk. deklariert. Die Büchereinsicht ergab ein Einkommen von über eine Million Mark. Sie haben sich dem Verwaltungsverfahren unterworfen, die Strafen sind mit 130000 Mk. festgesetzt worden. Ein Bankdirektor hat in den Jahren 1892—1897 alljährlich 2—300000 Mk. Einkommen deklariert. Nach seinem Tode wurde festgestellt, daß er in jedem der Jahre 140000 Mk. aus Kapitalvermögen, also im ganzen um 840000 zu wenig deklariert hat. Der Direktor einer großen gewerblichen Unternehmung hatte für vier Jahre 266000 Mk. fatiert; das Einkommen betrug 570000 Mk. Der Staat wurde um 23060 Mk. Steuer verkürzt. Der Kontravenient hatte mit Rücksicht auf die Umwandlung des Unternehmens in eine Aktiengesellschaft seinen Buchhalter beauftragt, zweierlei Bücher zu führen, die einen für die Gründer der Aktiengesellschaft, die anderen zur Vorlage für die Steuerbehörde. Die Geldstrafe von 92240 Mk. hat er samt der

---

[1] Ein erfreulicher Umschwung der öffentlichen Meinung! Sehr richtig hat Herr v. Rheinbaben darauf hingewiesen, daß diese bisher nur in der umgekehrten Richtung auf die Finanzverwaltung einzuwirken gesucht habe, daß man immer nur über Fälle zu hoher, nie zu niedriger Veranlagung Klage geführt habe. Das Verdienst und die Führung hat der Herausgeber der Preußischen Jahrbücher. So auch Cohn, Die Reichssteuerreform, a. a. O. S. 517.

Nachsteuer von 23060 Mk. bezahlt. Ich schließe die Auswahl mit einem frechen Brauer, der in einigen Jahren 22000 Mk. und mehr Einkommen hatte, einen großen Aufwand trieb und in denselben Jahren ein Gesamteinkommen von 1100 Mk. und in einem Jahre sogar nur 119 Mk. deklariert hatte. Die festgesetzte Strafe von 7000 Mk. hat er, ohne das Gericht anzurufen, bezahlt. Mit etwas Humor könnte die Reihe, ohne zu ermüden, fortgesetzt werden. Warum die Landwirte in der schwarzen Liste fehlen? Man könnte mit Conrad antworten, weil sie nicht defraudieren. Da wären denn doch ergänzend „aus der Fülle der Aussagen" in den preußischen Jahrbüchern[1] einige frappante Fälle anzuführen. Ein bekannter Abgeordneter, der einen eigenen Oberförster in seinem Walde hält, sei mit nur 4 Mk. Steuer veranlagt. Ein anderer Landwirt war mit 2400 Mk. eingeschätzt, und als sein Sohn Kavallerieoffizier werden sollte, garantierte er einen Zuschuß von 3000 Mk. und fatierte sein Einkommen mit 4000 Mk. Vom Landrate wurde bescheinigt, daß er mit dem Reste von 1000 Mk. noch standesgemäß leben könne. Ein hoher Beamter aus Pommern schreibt: Großgrundbesitzer, deren Hausstand, gesellschaftlicher Aufwand, Vergnügungsreisen 20000 Mk. und mehr erfordern, werden kaum als mittlere Beamte mit 1500—1800 Mk. eingeschätzt. Köstlich ist der Bericht über eine Kommissionsverhandlung, in der der deklarierte Ertrag eines Gutsbesitzers von 18 Mk. vom Hektar auf 21 hinaufgesetzt wurde. Nach einigen Tagen deklarierte ein Bauer aus dem Dorfe (auch noch zu gering) 82 Mk. für den Hektar; „ich denke," warf der Opponent in der Kommission ein, „der Boden ist so miserabel, daß blos 18 resp. 21 Mk. herauskommen; ja, sagte die Majorität, das ist es ja eben; bei der Separation haben die Bauern die fetten Stücke bekommen, die Großgrundbesitzer das Unland." Im nächsten Jahre war der Herr, der so überflüssige Fragen stellte, nicht mehr Mitglied der Kommission. Diesen Fällen fehlt die amtliche Beglaubigung.

Ich stimme Delbrück bei, wenn er sagt, man könne sich dem Gewichte der Masse nicht entziehen und müsse eine weitverbreitete Tendenz zur Unterdeklaration konstatieren.

Da lernen wir die Schutzbedürftigkeit des Staates und der Ehrlichen. Und die Schutzeinrichtungen? Um ein ehrliches Urteil zu ermöglichen, habe ich ein positives Strafrecht der Einkommensteuer dogmatisch durchgearbeitet. Weit mehr juristische Schwierigkeiten

---

[1] 136. Bd., S. 179—184; dazu Bd. 138, S. 167; vgl. dort auch die Abhandlung: R. E. May, Volksvermögen und Steuerdeklaration, S. 147 ff.

und Zweifel, als in den wenigen Paragraphen des Einkommensteuerstrafrechtes zu erwarten waren, habe ich bei dieser Arbeit gefunden; andere nach mir haben neue gefunden. Der Durchschnitt der Praxis kommt über solche Schwierigkeiten nicht heraus; auch der gute Jurist darf nicht auf Schritt und Tritt auf Hindernisse stoßen, die das Geschäft stören. Aus fremden und eigenen Arbeiten konnte ich feststellen, daß dem Steuersubjekte in der gut geschützten Verteidigungsposition, aus der es mit Tatsachen- und Gesetzesunkenntnis leicht operieren kann, mit einem Strafrechte nicht beizukommen ist, das zum Tatbestande der Straftat das Vorhandensein und den Beweis des Dolus erfordert. Vor allem muß die Unwahrheit des Bekenntnisses, dann die böse Absicht nachgewiesen sein. Das Nichtwissen, Nichterinnern, das Vergessen, der Irrtum nach allen Richtungen, das sind unkontrollierbare und unbeweisbare innere Vorgänge, denen der beste Strafrichter nicht auf den Grund kommen kann. Und die verschiedene Macht und Kraft, die Positionen der beiden Teile! Wir werden hierüber noch besonders handeln. Im Kriminalrecht ergibt sich zumeist die Gesinnung aus der Tat und den begleitenden Umständen. Mir wurde meine Uhr gestohlen; wer kam den Tag in die Wohnung, fragt die Polizei. Der A, mein Gutsnachbar; jeder Verdacht ausgeschlossen! Dieser ehrenwerte A, der seinen Sohn in der Stadt auf der Schule hat, zahlt für ihn 1200 Mk. an Pension und 300 Mk. für Schule, Bücher, Tanzunterricht; er fatiert 2400 Mk.[1]; es kommt der Vorhalt mit den angeführten Tatsachen. Ja wohl; Pardon, natürlich, in aller Eile, vergessen, ein Irrtum, es sind 4400 Mk. usw. Quid juris?

Der Dolus ergibt sich bei der Einkommensteuer noch weit weniger ex re, als bei den indirekten Steuern. Das Steuerorgan versucht es in dem einem, im nächsten Falle; die böse Absicht ist nicht zu erweisen; es leitet das nächste Mal den ausgesuchten Fall an den Richter; es erfolgt ein Freispruch, oder es wird die Ordnungsstrafe verhängt (20—100 Mk.). Es ist nicht die schlechteste Praxis, die in zweifelhaften Fragen jene Lösung sucht, die praktisch möglich ist. Das Veranlagungsorgan müht sich und plagt die Steuerträger mit langer Inquisition; es kommt nichts heraus. Die Steuererklärung wird „erörtert", einverständlich oder im Wege förmlicher Beanstandung um 30% oder mehr korrigiert und endlich sind beide Teile zufriedengestellt. Meine Anschauung, daß das Strafrecht der Einkommensteuer

---

[1] Preußische Jahrbücher, Bd. 136, S. 183.

nicht funktioniert und nicht funktionieren kann, finde ich in der Übersicht über die im Strafverfahren verfolgten Zuwiderhandlungen gegen das Einkommen- und Ergänzungssteuergesetz vollständig bestätigt. Dort[1] werden die Straffälle vom 1. Oktober 1896 bis 1. September 1899 mit 3986 Fällen und einer Summe von fast 1 634 820 Mk. für Strafen und Nachsteuern mit dem folgenden Beisatze registriert: „Dabei ist zu berücksichtigen, daß es nur bei einem kleinen Bruchteile der Steuerhinterziehungen überhaupt zur Einleitung des Strafverfahrens kommen kann. Einmal bereitet die Erbringung des Beweises bei einer absichtlichen Verschleierung der Einkommens- und Vermögensverhältnisse nach der Natur der Sache oft unüberwindliche Schwierigkeiten, zumal es gerade in derartigen Fällen an zuverläßlichen Aufzeichnungen über das Einkommen zu fehlen pflegt." Der weiteren Ansicht der Regierung, es werde das Strafverfahren nach § 66 Abs. 3 ausgeschlossen, weil der Verpflichtete die unzutreffenden Angaben nachträglich im Verfahren berichtigt hat, kann der Jurist theoretisch nicht beitreten. Praktisch ist der Vorgang, darüber keine Frage. Und die Theorie? Nur zaghaft bin ich im Anfange mit meiner Überzeugung hervorgetreten. Mein großer Meister, das österr. Gefällsstrafgesetzbuch vom Jahre 1835, an dessen Wiege ein Mittermaier und Pölitz Loblieder angestimmt haben, kannte den kranken Organismus und die Rechtsschutzbedürftigkeit der Redlichen und des Staatsschatzes.

Die Gefahr, die die Übertretung mit sich führt, enthält den einzigen Rechtsgrund, durch den sich die Bestrafung rechtfertigen läßt; das Strafrecht beginnt mit der Gefahr für das Gemeinwohl und reicht über dieselbe nicht hinaus[2]. Diese Gefahr ist eine subjektive. Was der Finanz schädlich ist, das liegt ausschließlich in den finanzrechtlichen Verhältnissen, in dem bei jedem Steuergesetze verschiedenen Machtverhältnisse der beiden Faktoren, des Berechtigten und Verpflichteten. Gebote und Verbote mit Strafandrohungen sind Mittel zur Erreichung des Zweckes. Aller Rechtsschutz setzt ein bei der Hülfs- und Schutzbedürftigkeit der Finanz; wo die Gefahr nicht vorliegt, wo das Bedürfnis nicht vorhanden ist, fehlen die rechtlichen Schranken und die Strafdrohungen. Dieses Leitmotiv des Gesetzes führt zu der Bestimmung über die Grundsätze der Zurechnung. Die Angabe des Übertreters, daß er die übertretene Vorschrift nicht kenne — sagt § 13 — hebt die Zurechnung der Übertretung nicht

---

[1] Mitteilungen Nr. 40, S. 87.
[2] Vgl. meine Beiträge zur Lehre vom Finanz-Unrechte. II. Kapitel: Das Finanzrecht und sein Unrecht.

auf; auch der Abgang eines bösen Vorsatzes befreit nicht von der gesetzmäßigen Strafe. Die Kriminalisten haben sich mit dem strafbaren Finanzunrechte früher nicht zu sehr beschäftigt. Im Vorbeigehen wurden die Finanzgesetze als entartete Spezies hingestellt, die von jedem subjektiven Verschulden absehen und die Strafe an das Vorliegen des objektiven Tatbestandes knüpfen. Und dann die Präsumtion der Schuld in den strafrechtlichen Nebengesetzen!

Ein einheitliches Steuerstrafgesetz besitzt Deutschland nicht. Die deutschen strafrechtlichen Nebengesetze haben den Mut und die Überzeugung des großen österreichischen Gesetzbuches nicht. Ihre von der Strafrechtswissenschaft hart angegriffene Ehre[1] hat später Liszts Scharfblick zu einem Teile gerettet. Liszt[2] sagt: „wenn das Recht bis zum Beweise des Gegenteiles die Schuld — Vorsatz oder Fahrlässigkeit — als erwiesen annimmt, so erkennt es dadurch an, daß ohne Vorsatz oder Fahrlässigkeit eine Bestrafung nicht eintreten kann und soll." Das gilt zumeist von dem Unrechte der indirekten Steuer; dort geht es ja, schlecht und recht, mit den Kontrollen und Indizien. Die Lehre vom Strafrechte der persönlichen Steuern beginnt erst jetzt ihre Entwicklung.

Der letzte und entscheidende Schritt in der wissenschaftlichen Erkenntnis rührt von dem Meister des Verwaltungsrechtes Otto Mayer[3], ohne jede Einschränkung, ohne Vorbehalt. Das „äußerliche Nichterfüllen der Verbindlichkeit ohne Rücksicht auf die Gesinnung" ist das wesentliche Merkmal der verwaltungsrechtlichen Kontravention. Und weiter: das ganze Strafrecht der Kontraventionen, das der äußerlichen Erscheinung nach dem Strafrecht angehört, lehnt sich seinem inneren Wesen nach mehr an die Erzwingung einer nicht erfüllten Obligation. Die Nichterfüllung verwandelt die Obligation in Schadenersatzpflicht; nach Polizeirecht[4] führt sie ganz in dem gleichen Schema zur Strafe.

---

[1] Binding spricht von einem „häßlichen Heißhunger des Staates nach den Geldbußen der Kontravenienten" (Normen, 2. Aufl. II, S. 690) und Merkel: „die Forderungen, deren Verletzung als Defraudationen geahndet werden, haben überall kein anderes rechtliches Fundament, als die jeweilige, hierauf bezügliche Erklärung des Willens der Behörde!" (Krim. Abhandlungen, II, S. 110 u. 118 Anm. 18.) Vgl. dazu v. Bauer, Über Steuervergehen, Finanz-Archiv XIX. Jahrg. 1. Bd., insbes. S. 11—22.

[2] Lehrbuch des deutschen Strafrechts, XI. Aufl., S. 139.

[3] Theorie des französischen Verwaltungsrechts, S. 184 ff. u. 396.

[4] Wie ernst meint es Mayer mit diesem Recht! Ich möchte den Anwälten das Lesen der Erzählung: „Harte Probe" empfehlen. Sie findet sich in den „Erzählungen eines alten Advokaten" in dem Buche, das den Titel trägt: „Nach

Was das Gesetz dem Steuerträger auferlegt, welche Anstrengungen dem einzelnen dabei zugemutet werden, daß er der Strafbarkeit entgehe, muß der Gesetzgeber erwägen nach dem Schutzbedürfnisse einerseits und dem Stande der Moral und Intelligenz der Bevölkerung anderseits. Und an die so auferlegte Pflicht, an die Zumutung muß man denken, wenn man die Dolus-Lehre im Finanzrechte verstehen will. Otto Mayer[1] erklärt den Gedanken in seiner treffenden, plastischen Weise: „Es kann genügen, daß bloß der böse Wille vermieden werde; dann wird nur das wissentliche absichtliche Vergehen verpönt. Wenn gesagt ist: wer dies oder jenes tut oder unterläßt, wird bestraft, so ist verlangt, daß alles geschehe, um das Tun oder Unterlassen zustande zu bringen. Wenn es lautet, falls dies oder jenes eintritt, wird der oder jener gestraft, so bedeutet das die strafrechtliche Zumutung an denselben, daß er den Erfolg vermeide oder verhindere und sich dazu fähig halte. Auf die Gesinnung kommt es dann nicht an."

Ich kann die Fortschritte, die die Erkenntnis des rechtlichen Charakters des Finanzrechtes und des Strafrechtes in der neuesten Literatur gemacht hat, hier nicht weiter verfolgen, aber nicht besser abschließen, als mit dem Hinweis auf das verdienstvolle, neue Werk Spiegels, das dem Kenner des Verwaltungsrechts Freude bereitet. Das VI. Kapitel der „Verwaltungsrechtswissenschaft" setzt das Besondere und Eigentümliche jener Partien und Nachbargebiete des Strafrechts ins rechte und richtige Licht, die verwaltungsrechtliche Bedeutung haben. In der Technik, die das Recht anwendet, liegt für Spiegel das Charakteristische. Der Staat straft, wenn er eine feinere Rechtstechnik nicht verwenden kann. Es ist die technische Seite, wenn das Kriminalstrafrecht auf die Schuldlehre, das Verwaltungsstrafrecht auf die Straflehre das Hauptgewicht legt. „Die feineren Untersuchungen über die Schuldformen, über den verbrecherischen Willen überhaupt, über die Motivierung dieses Willens usw. sind für das Verwaltungsstrafrecht zum großen Teile gegenstandslos." Die Strafnormen dienen „den Verwaltungszwecken, die ohne sie nicht erreicht werden könnten." Das ist die Grundlegung; darauf habe ich von Anfang an das Hauptgewicht gelegt. Ich habe mit diesem kurzen

---

dem Kriege" von Eduard Dupré (Otto Mayer). Dort erzählt er uns, wie der junge Anwalt vor dem Freispruche seines Angeklagten gebangt hat, den er zu scharf verteidigt hatte. Es handelte sich um einen Fall von Bandenschmuggel; dahinter lag keine Schmuggelabsicht, sondern eine Liebesgeschichte.

[1] Deutsches Verwaltungsrecht, I, S. 451.

Exkurse nur zeigen wollen, daß die Zeiten vorüber sind, in denen das Recht nach den Regeln des klassischen Strafrechtes beurteilt wird. Ob das Kriminalrecht eine Rechtsordnung, die nicht nach böser Absicht fragt, als minderwertig erklärt, ist eine Frage der Theorie, die heute glücklicherweise nicht mehr nach althergebrachten Theoremen, sondern nach Zweck und Wirksamkeit der Normen frägt. Wie es so geht, es schwören diejenigen um so eifriger auf einen Lehrsatz, je weiter sie der Lehre stehen.

Die Männer von der Verwaltungslehre, jene Statistiker, die es mit der Rechtslehre nicht zu schwer nehmen und auf „belletristische Art" Rechtswissenschaft treiben, „egoistische Advokatenschriften"[1], die praktischen Männer der Finanz, die das Recht populär und liberal ausgestalten wollen und schon lange ihr Strafrecht vergessen haben bis auf den Satz: zu jedem Verbrechen wird böser Vorsatz erfordert. Warum zu der Strafe für den Brauer, der unversteuert gebraut, für den Schmuggler, der die Waren unverzollt über die Grenze gepascht hat, für den Zensiten, der im Bekenntnisse gelogen hat, das Vorhandensein eines subjektiven Verschuldens erfordert wird, ist historisch zu erklären; man kann es verstehen und deuten nach seinem Standpunkt. Mit dem Kriminalrecht hat das Verwaltungsstrafrecht, zu dem das Finanzstrafrecht gehört, den Rechtsgrund gemeinsam. Er liegt nach den Lehren Liszts[2] in der Notwendigkeit, die Rechtsordnung aufrecht zu halten; die Strafe ist Mittel zum Zweck. An anderen Stellen habe ich wiederholt hervorgehoben, daß der Zweckgedanke im Finanzstrafrechte überall und scharf hervortritt. Das Steuergesetz geht der Gefahr, soweit es kann, aus dem Wege. Wo es nicht möglich ist, bleibt ihm nach unserer Rechts- und Wirtschaftsordnung nichts übrig, als die Strafe. Die sicherste Garantie für die Verwirklichung der Rechte bleibt immer die Strafe[3]. Diese darf aber nicht am Papiere, ein toter Paragraph bleiben. Ist es schon schwer, die Unwahrheit des Bekenntnisses zu beweisen, so darf die Praktikabilität der Rechtsverwirklichung nicht durch das Schild des unbewiesenen Vorsatzes erschwert werden. Dieses Strafrecht, das sich verwirklichen läßt, das braucht die Moral und die Steuergesetze nicht für die Kleinen. Mit denen werden wir fertig, anders zwar, durch indirekte Steuer, durch Verzicht auf das Bekenntnis.

---

[1] Schmoller, Skizze einer Finanzgeschichte, a. a. O. S. 63.
[2] v. Liszt, a. a. O. 56 und meine Beiträge, S. 24.
[3] Anton Menger, Neue Staatslehre, S. 146.

Aber mit dem hohen und höchsten Einkommen, da versagt der Schutz. Was uns not tut? „Eine kräftige, sittliche und strafrechtliche Repression wäre gegen die höheren Gesellschaftsschichten besonders notwendig. Streckt aber einmal das Strafgericht seine Hand nach diesen hochgelegenen Gebieten aus, so zeigt die Feinheit und Verwicklung der Tatbestände, die Schlauheit der Verbrecher und die überlegene Verteidigung gar bald, daß unsere Strafverfolgung nur auf einfachere Diebstähle und Betrügereien eingerichtet ist." Diese goldene Wahrheit Anton Mengers[1] ist für ein ernsteres Recht geschrieben; sie gilt für das Finanzstrafrecht Wort für Wort, für die Einkommen- oder Erbsteuer, für den unausrottbaren Schmuggel von Zigarren, Spitzen und Kostbarkeiten durch reiche Reisende. Und wie sich der Umschwung in der Wissenschaft vollzieht, so ändert auch die gesetzgeberische Praxis endlich das Prinzip. Baden hat die Führung.

Nach dem badischen Einkommensteuergesetze in der Fassung vom 9. August 1900 und 28. September 1906 sind die Voraussetzungen der Strafbarkeit nicht mehr böser Vorsatz. Wer in der Steuererklärung usw. „wahrheitswidrige Angaben" macht, verfällt in die Strafe (Art. 23). Wird dargetan, daß eine der im vorgehenden Artikel mit Strafe bedrohten Verfehlungen nur auf einem Versehen beruht, so tritt eine Ordnungsstrafe bis zu 500 Mk. ein. Auch in Baden wird jetzt nicht jede Steuerlüge gleich bestraft werden können, einfach deshalb, weil die Unwahrheit zu beweisen ein gewisses Tatsachenmaterial verlangt; aber daß die Unwahrheit bewiesen vorliegt, und der schlaue Defraudant höchstens nach dem zweiten Absatze zu einer kleinen Geldstrafe verurteilt wird, dieses Recht hat in Baden keinen Boden mehr. Ob der Schaden, den die Steuermoral durch die scheinheilige Lehre erlitten hat, in einer Generation gut gemacht werden wird? So viel von dem Wichtigsten, von der dolosen Hinterziehung!

Wir haben bereits den Grund erwähnt, warum auch die leichtere Übertretung des § 72 Abs. 2 tatsächlich wenig oder gar nicht verfolgt wird. Die Verwaltung entwöhnt sich der Straftätigkeit; sie lohnt da nicht. Das zeigen die vorliegenden Ziffern, aus denen wir die interessante Tatsache ableiten, daß auf das strenge Delikt die überwiegend größere Hälfte der Straffälle entfällt und der kleinere Teil auf die Straftaten des § 72 Abs. 2 und § 74 erübrigt. Für den zehnjährigen Zeitraum entfallen 57% auf die schwere, 27% auf die leichtere Übertretung,

---

[1] Neue Sittenlehre, 7. Kap.: Die Habsucht, S. 51.

16% auf die Ordnungswidrigkeit. Gerade für das letzte Jahr verschiebt sich das Verhältnis auffallend zugunsten der Ordnungswidrigkeit (33,85%). Wir wissen, daß in den letzten Jahren kleine Leute in großen Massen eingerückt sind. Da gibt es öfter Widerstand, natürlich auch entsprechende Reaktion. So klein die offene Kriminalität ist, so überaus interessant sind die Lehren, die wir aus den Ziffern ableiten können. Es geht oft so auch anderwärts im Leben, wenn man Neuem gegenübersteht. Man sollte meinen, daß die Straffälle zumeist in jenen Bezirken zu suchen sind, die große und hohe Beanstandungsziffern haben. Es ist aber gerade das Gegenteil der Fall. Im Regierungsbezirke Bromberg, in Sigmaringen, Marienwerder, Posen, Minden herrschen auf dem Strafrechte idyllische Verhältnisse; kaum ein Dutzend oder etwas mehr, das ist die Regel, und nur eine Ausnahme habe ich gefunden für den Bezirk Oppeln, während eines achtjährigen Zeitraumes im jährlichen Durchschnitt von 79 Fällen. Die Praxis ist eine stabile; das Unrecht wird nicht verfolgt und nur korrigiert im Beanstandungsverfahren. Die Sitze des Strafunrechtes sind obenan Berlin, das für die Berichtszeit mit 212 im Mittel an der Spitze steht. Rechnen wir die Ziffer für Potsdam mit 94 und Frankfurt a./O. mit 67, so haben wir die Kriminalität der Provinz Brandenburg mit dem Durchschnitte von 373 für ein Jahr, der wir das Mittel für ein Jahr in der Provinz Posen mit 19 Straffällen entgegenzusetzen haben! Reihen wir noch zwei Bezirke mit ähnlich hohen Ziffern an, Arnsberg mit 137 und Düsseldorf mit 107, so können wir mit Sicherheit die Rechnung abschließen. Ein paar Fälle von Denunziation, von Dummheit und Frechheit, ab und zu ein anderes zufälliges Ereignis, ein Zivilprozeß, eine Erbschaft und vielleicht lokal und provinziell herkömmlich eine schärfere Praxis der Behörde, tüchtigere Kräfte und Ähnliches. Daß in den großen und größeren Städten solche Momente öfter sich ergeben, daß dafür die Beanstandung dort schwerer ist, liegt auf der flachen Hand; ebenso, daß niemand aus diesen Zahlen auf eine gute Moral in Posen und auf eine schlechte in der Provinz Brandenburg schließen wird. Die Ziffern bedeuten und beweisen nur die Tatsache, daß nicht gestraft wird. Ich habe mich fruchtlos bemüht, eine andere ähnliche Straftat des Kriminal= und Finanzstrafrechtes zum Vergleiche heranziehen zu können.

Von der Statistik dieser Straffälle ist bisher wenig in die Öffentlichkeit gedrungen. Wir möchten also die weitere Untersuchung der Ergebnisse nicht aufgeben, bloß weil die Ziffern kleine sind. Freilich mahnen sie zur Vorsicht; es ist ja etwas anderes, ob in zehn= und zwanzigtausend Fällen eine gewisse Zahl sich mit der Festsetzung der Strafe durch die Regierung beruhigt, oder ob dies bloß einige Hundert tun. Dagegen springen aus den vorliegenden Ergebnissen einige Umstände so scharf hervor, daß man beispielsweise sagen kann, das Verfahren wäre unmöglich, wenn es mit großen Summen rechnen müßte. Wir dürfen daher die Betrachtung nicht aufgeben, wenn auch der Raum zur Kürze drängt. Die Strafgerichtsbarkeit in diesen Strafsachen steht wegen der Straftaten der §§ 72 und 74 den Gerichten zu (§ 76). Diese Regel des Gesetzes bildet in der Wirklichkeit die Ausnahme. Die Geldstrafe kann nämlich von der Regierung vorläufig festgesetzt werden; zahlt der Beschuldigte die Strafe samt Kosten freiwillig, so unterbleibt das gerichtliche Verfahren. Diese administrative Festsetzung hat ohne weiteres zu unterbleiben, 1. wenn der Beschuldigte in Preußen keinen Wohnsitz hat, 2. wenn die Regierung „aus sonstigen Gründen" von der Festsetzung der Strafe Abstand zu nehmen erklärt oder 3. der Angeschuldigte hierauf „verzichtet".

Fälle dieser Art werden, wie unsere Statistik es bezeichnet, sogleich zur gerichtlichen Entscheidung abgegeben; das Verfahren wird von den Gerichten geführt und erledigt. Eine gerichtliche Entscheidung braucht jedoch nicht gleich begehrt zu werden und die Statistik weist diese Fälle separat aus. Es wird z. B. die vorläufig festgesetzte Geldstrafe nicht rechtzeitig bezahlt oder von den Beschuldigten als zu hoch angesehen. Die gerichtliche Tätigkeit tritt später ein. Fiskalische Steuerorgane, die fiskalische Regierung werden natürlich nicht überlegen und die Fälle dem Strafrichter überweisen und Exempel statuieren; werde daraus was immer; fiat justitia! Die gerichtlich festgesetzte Strafe ist die empfindlichere, die bessere und schärfere Ahndung. In der Ausführungsanweisung vom 31. August 1894 (III, Art. 84) wird bei der Wahl von der Administration pflichtgemäßes Ermessen gefordert, eine Häufung der gerichtlichen Untersuchungen jedoch nicht gewünscht. Die vorläufige Straffestsetzung kürzt das Verfahren ab, die Regierung besitzt einen weiteren Spielraum in Ansehung der Strafbemessung. Es wird diese Art der Strafbemessung für die milderen Fälle empfohlen.

Aus unserem Materiale zeigt sich die Befolgung des ausgesprochenen Wunsches ohne Rücksicht auf leichte oder schwere Fälle. Die administrative Festsetzung bildet die Regel. In sechs Jahren wurden über 90 % der Fälle in der Weise erledigt; in vier Jahren und zwar 1898, 1904, 1905, 1907 beträgt die Verhältniszahl mehr als 80 vom Hundert, die niedrigste im Jahre 1904: 83,88 %, das Mittel 89,83 %[1]. Der Rest entfällt auf die Straffälle, die sogleich dem Strafgerichte abgegeben wurden, im Durchschnitte 10,01 %. Noch geringer ist absolut und relativ die Zahl der später abgegebenen Fälle; von den anhängig gewordenen Untersuchungen sind es 4,85 %. Was die festgesetzten Strafen anbelangt, so führen natürlich nicht alle administrativ geführten Untersuchungen zu einer Straffestsetzung; es ist kein Zweifel, daß auch dieses Verfahren mangels einer Schuld eingestellt werden kann, und ohne Strafe eingestellt wird. Die Summen dieser erfolglos geführten Straffälle kennen wir nicht. Wir wissen nur, daß z. B. im Jahre 1897 1552 Fälle mit Straffestsetzungen von rund 426 592 Mk. erlassen wurden. Während 10 Jahre finden wir eine durchschnittliche Strafe von 304,5 Mk. auf den Fall. Freilich sollten von den 1552 Fällen jene (72) abgezogen werden, die nachträglich an das Gericht abgegeben wurden. Es sind aber recht kleine Posten, die da abzuziehen wären. Wir wissen jedoch nicht, ob in diesen Fällen schon die Strafe festgesetzt war und wenn ja, welche Summe an festgesetzten Geldstrafen auf sie entfällt. Ziehen wir die Gesamtzahl der aus der administrativen Festsetzung später ausgeschiedenen Fälle ab, so kommen wir natürlich zu einem etwas kleineren Durchschnitte. Der wirklichen Höhe des auf einen Verurteilten entfallenden Durchschnittsbetrages nähern wir uns, wenn wir die Höhe der Strafe ermitteln, die effektiv bezahlt wurde. Man mag über die administrative Festsetzung, bei der ein Moment auch Rücksicht auf den Willen des Beschuldigten nimmt, verschieden denken, einen praktischen Vorteil hat die Institution. Die Angelegenheiten werden rasch und endgültig erledigt. In 84 % der Fälle (Rub. 17) wurden die Strafen eingezahlt. Wer in der Einbringung von Geldstrafen einige Erfahrungen hat, wird mir zustimmen, daß der erzielte Erfolg ein großer ist. Man spart Zeit, Kosten, und der administrative Weg, dem sich der Beschuldigte unterwirft, führt sicherer zum Ziele. Natürlich hat das Verfahren seine Schattenseite. Die Finanzwissenschaft klagt und stellt sich gegen die Strafabfindung, die Transaktion und wie sonst diese Hülfsinstitutionen heißen[2].

Wir stoßen auf die Schwierigkeiten beim gerichtlichen Verfahren auf Schritt und Tritt und lernen die praktische Seite der Straffestsetzung durch die Regierung schätzen. Von den sogleich zur ge=

---

[1] Genau ist das statistische Material nicht: die Fehler sind hier nicht so groß, um ihnen an der Quelle nachzugehen.

[2] Vgl. über diese Frage: meine Beiträge zur Lehre vom Finanzunrechte, S. 67 ff.

richtlichen Entscheidung abgetretenen Fällen wurden 35,66 % im selben Jahre verurteilt, 13,74 % freigesprochen. Der Rest 50,60, und das ist das große Übel, wurde in das nächste Jahr, ja sogar in den nächstfolgenden weiter geführt. Fast dasselbe Verhältnis finden wir bei den Fällen, die später an das Gericht kamen. Verurteilt wurden 37, freigesprochen 14,4 und unerledigt blieben 48,6 %. Wir berück= sichtigen beim Endurteil das Moment, daß dem Strafrichter die Kennt= nis, der Geist des Gesetzes und der Verordnungen nicht so geläufig ist, wie dem Finanzbeamten. Wir sehen aber aus der beträchtlichen Zahl der Reste, wie sich das Veranlagungsverfahren gestalten würde, wenn es das Ziel hätte, das Einkommen individuell zu berechnen und unter Beweis zu stellen. Wer die „Schätzung" — bei 3 bis 4 Mill. Zensiten — im Ernste verhöhnt, der verkennt die Durchführbarkeit der Aufgabe. Wir stünden vor einem Verwaltungsprobleme, dem wir kein ähnliches an die Seite zu setzen hätten. Fragen wir nach den Ergebnissen der Strafjustiz, so sind die Zahlen der Freisprechung relativ nicht so große. Denkt man aber daran, daß so selten zur strengen Rechtshülfe gegriffen wird, dann müßte man erwarten, keinen zweifelhaften Fällen zu begegnen. Die Verfügung vom 20. Februar 1894 (Nr. 30 S. 45) mahnt zur Vorsicht; es ist, bevor der Weg beschritten wird, stets sorgfältig zu prüfen, ob der Tatbestand so klar vorliegt, daß die gerichtliche Verurteilung mit einiger Sicherheit erwartet werden kann. Selbstverständlich spielt da der Irrtum in den Tatsachen hinein. Nach der Judikatur des Reichsgerichts schließt nur ein tatsächlicher, nicht aber ein Rechtsirrtum die Strafbarkeit aus. Das Reichsgericht[1] (Entscheidungen in Strafsachen XXX, 14) meint, das Gesetz wolle „den Irrtum über den Umfang der Steuer= pflicht nicht berücksichtigen, sondern nach dieser Richtung hin die auch in den übrigen Steuergesetzen erforderte Pflicht der Erkundigung und der Einholung von Belehrungen auferlegen".

Fuisting[2] tadelt die Entscheidung nach beiden Richtungen. Wie immer die communis opinio zu der Rechtsfrage Stellung nimmt und entscheidet, die Wahrscheinlichkeit gestraft zu werden, ist so ge= ring, daß nur auf das ängstliche Gemüt der Rechtssatz „einen Zwang und Gewissensdruck" ausüben wird. Im Gegenteil, die Zahl der Freisprüche berechtigt immer noch die Hoffnung zu hegen, ohne Strafe durchzukommen. Was die verhängten Strafen betrifft, so zeigen sich größere Schwankungen als bei der administrativen Straffestsetzung.

---

[1] Interessant der Vergleich mit dem sächsischen Recht. (Entsch. XXXXII, 119.)
[2] S. 266.

Es ergibt sich das aus der Sache; bei einer kleinen Zahl von Fällen tritt ein schwerer gleich hervor. So finden wir

1902 einen Durchschnitt von 1702,5 Mk. auf einen Fall,
1904   =   =   =   897,6   =   =   =
1901   =   =   =   420,5   =   =   =

in drei anderen Jahren einen solchen von mehr als 300 Mk. Der zehnjährige Durchschnitt beträgt 478,08 Mk.

Wesentlich niedriger ist der Durchschnitt bei den Straffällen, die später zur gerichtlichen Entscheidung abgegeben wurden. Absolut und relativ bleiben sie hinter den vorbehandelten zurück. Es sind so kleine Beträge im ganzen wie im Durchschnitte, daß wir nur an geringfügige Übertretungen denken können. Die durchschnittliche Strafe beträgt nicht voll 50 Mk.; hinter dieser Summe bleibt das Mittel siebenmal; aber auch die Fälle der ausschlaggebenden Jahre müssen harmlos sein, wenn alle Strafsummen eines Jahres 4150, 2926, 1891, 1460 Mk. betragen.

Es wurde bereits die unverhältnismäßig große Zahl der Straffälle erwähnt, die aus einem Jahre in das nächste und die folgenden unerledigt übertragen werden. Die Ergebnisse dieser Untersuchungen werden in unserer Statistik summarisch (für alle Regierungsbezirke in einer Summe) ausgewiesen und mit der Endsumme der Ergebnisse des Berichtsjahres vereinigt. Diese Endsumme wollten wir nicht reproduzieren und an sie nicht unsere Betrachtungen knüpfen, weil dann diese restlichen Straffälle doppelt gezählt würden. Bei unserer Darstellung kommen wiederum die Schicksale dieser im Rest gebliebenen Fälle, die Strafen, die Freisprüche nicht zum Ausdruck. Wir haben uns geholfen und weisen die erledigten Straffälle eines Jahres, dann die aus diesem Jahre anhängig verbliebenen Untersuchungen, in der Tabelle (III, S. 50 u. 51) gesondert nach [1]. Die Ziffern sind so gering und anschaulich, daß sie eine Beleuchtung mit Verhältniszahlen nicht brauchen. Die größeren Summen von Geldstrafen weisen auf schwere Fälle. Von den sogleich zur gerichtlichen Entscheidung überwiesenen Fällen kommt im Durchschnitte für sieben Jahre auf einen 1445,6 Mk.; die Differenzen in den einzelnen Jahren sind groß: 274,5 für 1898/99, 5762,5 für 1902/03. Bei den später an das Gericht gelangten Fällen sind auch hier die Strafsummen klein; die durchschnittliche Strafe beträgt 82,2 Mk., die geringste 31 Mk., die höchste 193 Mk. Interessant

---

[1] Die unerledigten machen fast 18 % der erledigten Fälle aus (Tab. III, Spalte 3). Bei den gerichtlichen Straffällen ist der Prozentsatz weit größer.

Meisel, Moral u. Technik bei der Veranlagung der preuß. Einkommensteuer. 5

sind auch hier die Zahlen der weiter schwebenden, noch unerledigten Fälle. Aus dieser Tabelle ersehen wir, daß bei der administrativen Untersuchung sich ebenfalls alljährlich Reste ergeben. Eine eingehendere statistische Verarbeitung im Texte zur Statistik wäre sehr erwünscht; sie wird noch manchen lehrreichen Winkel herausfinden. Die Hauptpunkte von allgemeiner Bedeutung stehen unanfechtbar da. Die überraschend kleine Zahl von Straffällen, die unverhältnismäßig große Zahl von Fällen, die in der Schwebe bleiben und die auffallend geringe Zahl, die an die Gerichte zur Untersuchung und Aburteilung gelangen. Nur die letzte Tatsache verlangt eine kurze Erörterung.

Sowohl die Regierung als die Beschuldigten wählen nur ausnahmsweise den ordentlichen Rechtsweg. Der Zug beider Interessenten geht nicht zum Richterstuhle. Die praktischen Erwägungen liegen klar. Die Frage ist nur die; wirkt nicht dieser etwas unbefriedigende Zustand auf das ganze Rechtsgebiet ein? Ist es nicht eine Anomalie, daß sich jeder Teil den Weg zum Recht suchen kann, der ihm beliebt und was noch ernster ist, der seiner Rechtssache der vorteilhaftere zu sein scheint. Unter den wenigen Zeilen, die Lorenz Stein[1] dieser, damals fast jungfräulichen Materie gewidmet hat, ragt ein Satz von entscheidender Bedeutung hervor: „Das Steuerstrafrecht bildet einen Teil des Verwaltungsstrafrechtes." Langsam hat dieser Lehrsatz in der Literatur sich durchgerungen. Heute herrscht er im Verwaltungsrechte. Im allgemeinen Strafrecht hat Goldschmidt[2] die dort herrschende Lehre von der Allmacht und Allkompetenz des Strafrichters ins Wanken gebracht. Der Anfang wäre gemacht. Wenn erst die führenden Männer auch an den Fragen Interesse finden und die Untersuchungen über die Lehre vom strafbaren Finanzunrechte selbst in die Hand nehmen werden, statt sie den Praktikern und den Schülern zu überlassen, erscheint der Ausgang des wissenschaftlichen Streites nicht zweifelhaft. Die erste Frage nach der Natur des Unrechtes ist nach dem heutigen Stande gelöst. Es dreht sich um die Entscheidung über Recht und Unrecht in einem Finanzverhältnisse, also um eine finanzrechtliche Streitsache, die sich von einer anderen des gleichen Rechts nur durch die Rechtsfolge unterscheidet. Das strafbare Finanzunrecht zieht Straffolgen nach sich. Das Recht zu strafen bildet keinen allgemeinen Kompetenzgrund. Wie die heutige Ordnung ausgebildet wurde unter dem Gesichtskreise der altliberalen

---

[1] Lehrbuch der Finanzwissenschaft. 5. Aufl. Bd. II, S. 473 ff.
[2] Insbesondere: Das Verwaltungsstrafrecht, § 23: das Finanzstrafrecht.

Anschauung, das liegt klar vor uns. Objektivität, Unabhängigkeit und Vertrautheit mit den Grundsätzen des Straf- und Strafprozeßrechtes, das war alles beim Richter vorhanden. Und das Recht, die Kenntnis der finanzrechtlichen Norm, der Geist und die Technik, das war nicht, das ist nicht und das kann beim Richter nicht vereint sein, wenn das Gesetz der Arbeitsteilung auch hier gilt[1]. Die Struktur der Finanzstrafgerichtsbarkeit im Deutschen Reiche nach der Strafprozeßordnung und den Landesgesetzen ist theoretisch eine „offenbare Inkonsequenz"[2]. Praktisch führt die Tätigkeit der Gerichte ein Scheinleben, dem der Zweck, die Rechtsschutzhülfe fremd ist.

Eine objektive, unabhängige, selbständige Rechtsfindung ist auch unser Ziel. Die Verwirklichung des Steuerrechtes durch so qualifizierte Verwaltungsstrafgerichte[3] hat größere Aussicht auf Erfolge. Beweiskräftiger als die theoretischen Erörterungen ist die Statistik des Strafrechtes der Einkommensteuer.

V.
Die Stellungen und die Stärke der Parteien.

Um den intensiven Kampf ums Recht zu verstehen, müssen wir nach den Gründen forschen. Die richtige Lösung soll uns auch die Frage beantworten, wer schließlich in dem Kampfe Sieger bleiben muß, wer die Kosten des Krieges trägt und um welchen Preis der Frieden zu erzielen ist. Zu diesen Fragen müssen wir die Stärke und Stellungen der beiden Parteien und ihre Taktik untersuchen. Mit Kampfrufen, hie Fiskalismus, hie Steuerunmoral, die hinüber und herüber tönen, ist wenig erklärt; sie deuten nur auf die beiden Lager und auf den brennenden Kampf. So verblüffend die Zahlen, die wir bisher über die Beanstandung und die Rechtsmittel vorgeführt haben, auf jedermann wirken, der sie zum erstenmal auch ohne jeden Kommentar sieht, ebenso verwundert steht selbst der Fachmann vor den statistischen Nachweisen über die offene Kriminalität. Manches

---

[1] Vgl. Spiegel, Die Verwaltungsrechtswissenschaft, S. 20 ff.
[2] Goldschmidt, a. a. O. S. 434 mit zutreffender Kritik. Den sachlichen Standpunkt habe ich schon in meinen Beiträgen zur Lehre vom Finanz-Unrechte, S. 60 ff., vertreten.
[3] Vgl. meine Beiträge, S. 100 ff.; kurz zusammengefaßt im Artikel: Gefällsstrafverfahren im österr. Staatswörterbuch. 2. Aufl. 2. Bd., S. 236 ff. Meine Anschauung teilt prinzipiell auch v. Bauer, Das österr. Finanzstrafverfahren und seine Reform. Finanzarchiv, XX. Jahrg., 2. Bd. S. 80 ff.

mußte angedeutet, anderes dargelegt werden. Wir haben hier den Zusammenhang herzustellen.

Der Staat besteuert das Einkommen der Privatwirtschaften. Hierzu ist obenan notwendig, dieses Einkommen festzustellen. Für die moderne Einkommensteuer sind von den drei Methoden, die es gibt, zwei ausgeschlossen. Ausgeschlossen ist der Weg, das Einkommen ausschließlich durch die staatlichen Organe zu ermitteln. Noch weniger läßt sich der zweite Weg mit Erfolg betreten, den Steuerpflichtigen die Selbstdeklaration mit der Rechtswirkung zu überlassen, daß die Steuerstufe und die Steuer einzig und allein bestimmt wird durch die fatierte Einkommenssumme. Die modernen Einkommensteuergesetze wählen für das höhere Einkommen den theoretisch und praktisch allein möglichen Weg, das Steuerbekenntnis im Steuerverfahren zur Grundlage zu nehmen, daran staatliche Prüfung anzusetzen und nach beendigtem Verfahren die Steuer festzustellen. Das Bekenntnis hat also eine höhere Bedeutung im Verfahren, als sie ihm Fuisting beilegt; mir erscheint es nicht bloßes Hülfsmittel, sondern Grundlage des Steuerverfahrens; es ist Parteiaussage und Antrag des Steuersubjektes. So dürftig das Verfahren und die Rechte des Steuerpflichtigen und des Staates geregelt und geordnet sind, so ergibt das Gesetz die folgenden Regeln, die ich auch in den kontroversen Fragen so formuliere, daß sie Fuistings Lehre akzeptieren kann[1]. Die Steuererklärung ist genau zu prüfen; der Vorsitzende der Veranlagungskommission und diese selbst haben über die Besitz-, Vermögens- und Einkommensverhältnisse des Steuerpflichtigen möglichst vollständige Nachrichten einzuziehen. Ergeben sich Bedenken gegen die Richtigkeit der Erklärung, so ist sie zu beanstanden, d. h. es sind der Erklärung jene Punkte vorzuhalten, die zu den Zweifeln an der Richtigkeit Anlaß geben. Das bloße Mißtrauen, das einfache Negieren der Richtigkeit genügen nicht; es müssen die konkreten Gründe der Beanstandung angeführt werden. Die Bedenken und die an sie geknüpften Fragen hat der Steuerpflichtige zu beantworten. Unterläßt er dies oder werden die Bedenken gegen die Richtigkeit der Steuererklärung durch die Erläuterung oder Ergänzung nicht behoben, dann sind zur Feststellung der fraglichen Tatsachen die erforderlichen Erhebungen zu veranlassen. Bleibt trotz der Erhebungen die Richtigkeit der Steuererklärung bedenklich, so ist die Kommission

---

[1] Die Kritik, die Fuisting (S. 124) an dem § 38 E.G. übt, ist tatsächlich Nörgelei.

bei der Veranlagung an die Angaben des Steuerpflichtigen nicht gebunden; es entscheidet pflichtgemäßes Ermessen.

Nach der ratio des Gesetzes sucht das Verfahren **materielle Wahrheit**. Die Rechtswissenschaft lehrt es tagtäglich, wie schwer das ist, selbst mit vollkommenen zivil= und strafprozessualen Gesetzen. Der Unterschied in den Rechtsgebieten liegt nicht so sehr in dem Mangel fester, unverrückbarer prozessualer Normen. Die Praxis der obersten Verwaltungsgerichte hat aus den paar grundsätzlichen Bestimmungen das Verfahren ausgebaut, fast könnte man sagen, in freier Rechtsprechung. Die Prozeßregeln hätten wir; wir haben, trotzdem es Fuisting leugnet, eine Beweislast, die, gegenüber dem Inhalte der Steuererklärung, dem Staate obliegt. Das ginge noch; es ließe sich aus der Bedeutung des Bekenntnisses erklären. Die Schwierigkeit liegt darin, daß von den Gegnern die freie Beweisführung verpönt und strikte Feststellungen, volle Beweise und wieder Beweise gefordert werden. Das Verwaltungsgericht sucht natürlich auch materielle Wahrheit, wo sie aber nicht gefunden und bewiesen wird, kommt es mit seinem non liquet.

Der unermeßliche Unterschied zwischen Steuerrecht und anderen Rechtsgebieten liegt weit tiefer und wo anders. Im Steuerverfahren weiß der eine Teil, der Staat, im allgemeinen nichts oder wenig von dem anderen Teil, vom Steuersubjekte, und von den rechtserzeugenden Tatsachen der privaten Rechtssphäre. Will der Staat in die private Wirtschaft eindringen, muß das Gesetz eine Relation zwischen Staats= und Privatwirtschaft schaffen. Der Staat gebietet bei der Einkommensteuer, das Einkommen in dem Bekenntnisse ganz und richtig anzugeben. Der staatlichen Berechtigung bleibt neben dieser hauptsächlichsten Norm nichts als das Prüfungsrecht und die Strafandrohung. Der Rechtssatz lautet: Du sollst bei sonstiger Strafe wahr und vollständig fatieren.

Wie steht es mit der Prüfungsmöglichkeit, wie wirkt die auf die Unwahrheit gesetzte Strafe? In unserer Untersuchung „Unrecht und Zwang im Finanzwesen"[1] haben wir für das gesamte Steuerrecht gefunden, daß nach Natur= und Staatsgesetzen gewisse steuerrechtlich relevante Tatsachen der Einzelwirtschaft dem Steuerorgane absolut bekannt und sicher kontrollierbar sind, daß ein anderer großer Teil des Tatsachenmaterials sich bis zu gewissen Grenzen bestimmen, übersehen läßt und kontrollierbar erscheint, daß endlich ein wichtiges

---

[1] Finanzarchiv, V. Jahrg., 1. Bd., S. 12 ff.

und umfangreiches Gebiet der privaten Wirtschaft der staatlichen Macht verschlossen bleibt und schwer oder gar nicht kontrolliert werden kann. Bei der Besteuerung des Einkommens sind alle drei Kategorien vorhanden. Vor allem bietet das Suchen nach den Steuersubjekten bei der modernen Einkommensteuer keine wesentlichen Schwierigkeiten. Je höher hinauf die Grenze gesetzt wird, von der die Einkommensteuerpflicht beginnt, desto kleiner wird die Möglichkeit, die Steuersubjekte zu übersehen. Einkommen selbst von 900 Mk. suchen wir nicht in Massenquartieren. Die Wohnungslisten, die Anzeigen der Dienstgeber geben gute Kontrollen. Die Schwierigkeiten beginnen bei dem Suchen nach der Höhe des Einkommens. Wir sind in dieser Untersuchung Einkommensarten begegnet, die der Steuerverwaltung nicht entgehen können, offen daliegen und sich der Besteuerung ipso facto von selbst stellen. Lohn- und Dienstbezüge, die aus öffentlichen Kassen fließen, Renten, die auf grundbücherlichen Eintragungen beruhen, Geschäftsgewinne, die aus Bilanzen der zur öffentlichen Rechnungslegung verpflichteten Unternehmungen zu finden sind, da mit einer gewissen Vorsicht und Einschränkung u. dgl. Der Kreis dieses absolut richtigen und kontrollierbaren Einkommens ist ein kleiner, und über ihn hinaus beginnt das Dornendickicht, das die Gangbarkeit des Weges so erschwert. Noch ist das Einkommen auch hier sichtbar. Der Staat kennt die Lebensstellung, den Beruf; er hat Grund-, Hausbesitz, Gewerbebetrieb für seine Ertragssteuern registriert; er kennt das Ausmaß der Grundstücke, ihre Bonität, deren Katasterertrag; bekannt sind die Zinserträgnisse vermieteter Gebäude, die Bestandteile der Wohnhäuser, die Anzahl und Größe der im Gewerbe benutzten Maschinen, die Zahl der Lohnarbeiter. Eine wirtschaftlich gut ausgebildete Steuerverwaltung wird eine Kenntnis des Geschäftsganges in den einzelnen Zweigen des Handels und der Industrie besitzen. Das Steuerorgan kann aus dem Wohnungsaufwand, aus Anzahl und Qualität des Dienstpersonals auf die Lebensführung und das Einkommen einen gewissen Schluß ziehen. Eine gewisse intimere Kenntnis der Steuerkräfte können richtig gewählte Steuerkommissionen besitzen; doch zeigt die Praxis, daß dieses Hülfsmittel von der Theorie überschätzt wird. Endlich bleibt das inquisitorische Verfahren bei der Veranlagung eine nicht zu unterschätzende Kraft. In den Erörterungen über das Bekenntnis gelingt es der tüchtigen Verwaltung, gewisse Unrichtigkeiten durch Fragestellungen und durch Indieengetreiben zu beheben. Das schlechte Gewissen des Steuersubjektes, die Furcht vor Strafe, die Unmöglichkeit, relevante Fragen bestimmt zu beantworten, treiben zur Gefügigkeit, zum Nachgeben. Daher die großen Erfolge im Beanstandungsverfahren. Schließlich helfen die Einvernahmen von Sachverständigen und das Drängen nach dem Beweis durch die Handelsbücher. Der Sachverständige wird in der Regel Tatsachen brauchen, die der Staat nicht besitzt und der Steuerpflichtige nicht liefert. Der Bücherbeweis wäre natürlich die beste Quelle, materielle Wahrheit zu erschließen. Aber es fehlt bei der großen Menge der Kleinsteuerträger das Gebot, Bücher zu führen; es fehlt bei den wichtigen Kategorien, bei der Landwirtschaft und bei den Rentnern. Der Zwang zur Büchervorlage wäre ein privilegium odiosum der Vollkaufleute. Die österreichische Regierung hat in letzter Zeit dem Reichsrate eine Novelle vorgelegt, in der ein solcher Zwang für das Berufungs- und Strafverfahren statuiert wird. Aus den Kreisen der Industrie und des Handels ist eine lebhafte Opposition, eine starke Gegenbewegung hervorgetreten. Das Hauptargument, die ungleiche Behandlung, haben wir eben erwähnt. So schlecht wie das Einkommen aus der Landwirtschaft und aus dem Kapitalvermögen hat sich das Einkommen aus selbständigen Unternehmungen und Beschäftigungen der Besteuerung nicht gestellt. Der Widerstand ist zu verstehen. Der Gruppe geschieht Unrecht, wenn bei ihr durch den Bücherzwang das Einkommen in Zukunft voll getroffen würde, bei den anderen Gruppen, Landwirtschaft und Wertpapierbesitz, der jetzige Zustand, die Möglichkeit des Durchschlüpfens, aufrecht bliebe. Das Unrecht der Besteuerung, die stärkere oder schärfere Belastung eines Teiles der Steuerkräfte gegenüber einem zweiten durch Gesetz oder Praxis, spielt in der Psychologie des Steuerbekenntnisses eine Hauptrolle; das eigene Unrecht, die falsche Fassion wird als berechtigte Abwehr, als erlaubte Selbsthülfe, der Mahnung des Gewissens, richtig zu fatieren, entgegengesetzt. Endlich ist ja diese Selbsthülfe das vorletzte Mittel gegen hohe Besteuerung. Was wird geschehen, wenn die Vorlage Gesetz wird? Einige ängstliche Gemüter werden die Einkommenziffer erhöhen, je nach dem Grade des vorhandenen Gewissens. Die Mehrzahl wird die Bücher korrigieren. Von dem eigenen Kapitalkonto wird der und jener Posten verschwinden, ein oder mehrere Debitorenkonti werden neu eröffnet werden. Die Erfahrung, diese vorzügliche Lehrerin, wird es dartun, daß solche Korrekturen nicht ausbleiben werden, ebenso wie die Gesetzgebungen, die von dem Hülfsmittel des Eides Gebrauch machen wollten, einen Schutz für wahre Bekenntnisse nicht geschaffen haben. Der Widerstand ist größer als die Rechtsschutzeinrichtungen. Mit

dem obersten Grunde werden wir uns noch beschäftigen. Die Technik
der Besteuerung, die sich im zweifelhaften Falle vorwiegend auf den
Bücherbeweis stützen will, macht mit diesem Hülfsmittel keinen
nennenswerten Fortschritt. Für sie bedeutet dieser Beweis ein schwer-
fälliges, teueres Erkenntnismittel. Im handelsrechtlichen Streite dreht
sich der Beweis um eine konkrete Post eines Kontos; nur nebenbei
kommt die Frage zur Erledigung, ob und wie die Handelsbücher in
den anderen Konten geführt werden. Dies wird im Zweifel nebenbei,
stichprobeweise festzustellen sein. Im Steuerverfahren muß, soll die
Richtigkeit der Endsummen konstatiert werden, Konto für Konto geprüft werden. Die Prüfung kann da nicht Halt machen; man muß
die Kontoinhaber über die Richtigkeit einvernehmen. Welche Zeit
und Kosten nimmt eine solche Untersuchung in Anspruch? Und das
soll dort helfen, wo man jedem dritten oder vierten Bekenntnisse
mißtraut.

Was lehrt die Erfahrung der preußischen Einkommensteuer?
Unter den Straffällen kommt die Führung doppelter Bücher nicht
selten vor; die einen für die Steuerbehörde, die anderen für die
übrigen Zwecke. Dabei gestatten die Grundsätze kaufmännischer Buchführung — das gibt Fuisting wörtlich[1] zu — bei der Elastizität
der handelsrechtlichen Vorschriften und dem weiten Umfange subjektiven
Ermessens dem Kaufmanne eine so freie Bewegung, daß eine dem
steuerlichen Interesse entsprechende, objektiv richtige Ertragsberechnung
häufig großen Schwierigkeiten begegnet. Die Frage ist keine bloß
akademische, sie ist von praktischer Wichtigkeit. Eine Reihe von Entscheidungen des Oberverwaltungsgerichtes liegt uns vor. Nicht bloß
bei den Handelsbüchern der Kaufleute, auch bei den Aufschreibungen
der Gewerbsleute, der Ärzte wird die Beweiskraft von Geschäfts- und
Wirtschaftsbüchern insolange anerkannt, als ihre Glaubwürdigkeit
nicht durch bestimmte, von der Steuerbehörde darzulegende
Tatsachen beeinträchtigt wird, auch wenn die Buchführung der Hand-
werker und sonstigen kleinen Gewerbetreibenden im einzelnen unvollkommen, unübersichtlich und nicht einwandfrei ist. Der Mangel
an Übersicht und vollständigen Abschlüssen hindert nicht, ihren Inhalt
für maßgebend zu halten, es darf über ihn nicht ohne weiteres hinausgegangen werden. An die schlimmsten Erfahrungen aus den Zeiten
des Kampfes mit dem Schmuggel erinnert das Treiben gewisser
Bureaus, die außerhalb von Gesetz und Moral das Unrecht im

---

[1] S. 201.

großen Stile fördern. Um die Mitte des vorigen Jahrhunderts bestanden in den größeren Städten Assekuranzgeschäfte, die den Schaden ersetzten, wenn der Warenschmuggel entdeckt wurde. Heute hat Delbrück[1] das Treiben gewisser Rechnungsbureaus und Treuhandgesellschaften aufgedeckt. Sie weisen mit den raffiniertesten Kunststücken auf Grund einer scheinbar exakten Buchführung den Landwirten und Geschäftsleuten nach, daß sie so gut wie kein Einkommen hätten. Gerade von diesen Bureaus gehen in anscheinend loyaler Form die schamlosesten Hinterziehungen aus. Einem Herrn im Westen, der Jahr für Jahr 52 000 Mk. Einkommen deklariert hatte, wurde von einem solchen Bureau berechnet, daß er von seinem Vermögen jährlich 2000 Mk. zusetze. „Ein sehr hoher Herr," so berichtet Delbrück, „der, ich weiß nicht wie viele Hunderttausend oder Millionen Mark jährlich versteuerte, erzählte mir, ein solches Bureau habe ihm beweisen wollen, daß er nur 20 000 Mk. Einkommen habe." Da hätte einmal der Gedankenspäher und Geschichtenträger gute Dienste geleistet; die Regierung ist der Aufforderung, den Helfershelfern das Handwerk zu legen, durch die Verfügung vom 8. Februar 1909 nachgekommen und das Oberverwaltungsgericht hat schon in seiner Entscheidung vom 7. November 1908 eine solche Hülfeleistung prompt und loyal in die Schranken gewiesen. Wer die Art dieses Unrechts kennt, weiß, daß es zu einer anderen Türe wiederkommt. Wir können die Rechnung abschließen; ein sicher und rasch wirksames Kontrollmittel können wir in dem Beweis durch Handelsbücher nicht erblicken. Psychologisch wirkt ein solcher indirekter Zwang nur dann, wenn in einer großen Reihe von Fällen der Wahrheit näher gerückt wird. Versagt das Mittel da und dort, kommt der Bücherbeweis aus den verschiedenen Gründen praktisch nicht zur Anwendung und führt nicht zum Erfolge, dann schwindet auch der Anreiz ehrlicher Fassionen, weil die betreffenden Kreise das Fürchten verlernen. Der Mangel an guten Kontrollen, die in den indirekten Steuern durch die beste Lehrmeisterin nach sorgsamer Beobachtung und Erfahrung ausgebildet sind, springt bei der Einkommen- und Vermögenssteuer klar hervor. Die Theorie hat das Fehlen oft betont. Nicht um Reformen anzudeuten, nur um zu beleuchten, was uns fehlt, möchte ich darauf hinweisen, daß schon das Bekenntnis greifbare Hülfsmittel in Gestalt

---

[1] Preußische Jahrbücher, 138. Bd., S. 168, 372, 559ff; dann ebenda Bd. 136, S. 268 Mrozek, die Mängel der Veranlagung zur Einkommensteuer und Vorschläge zu ihrer Beseitigung.

von Tatsachen anführen müßte, Tatsachen, die hinterher nicht abgeleugnet, in Frage gestellt werden können. Es ist nicht abzusehen, warum der Produzent die Summe der verarbeiteten Baumwolle, Gerste, Kohle usw. nicht anführen soll. Die Produktion in den einzelnen Gewerben ist uns ja heute kein Geheimnis, wir kennen die Produktionsbedingungen, den Prozeß und die Erfolge.

Ein gutes Kontrollmittel für die Einkommenbesteuerung glauben die meisten Schriftsteller, die für die Erbschaftssteuer in der Reichsfinanzreform Stellung genommen haben, in einer solchen Abgabe gefunden zu haben. Die Behauptung zeigt wieder nur, wie wenig die Kenntnis der Steuertechnik in die Finanzwissenschaft eingedrungen ist[1]. Die Erbschaftsmassen stellen sich, soweit sie aus unbeweglichen Gütern bestehen, fast von selbst der Besteuerung. Wo Grundbücher bestehen, wo beim Erwerb der Erbschaft Funktionen der Behörden in Anspruch genommen werden müssen, findet der Staat die Nachlaßobjekte ohne Schwierigkeit. Die Schwierigkeiten der Schätzung sind bei den landwirtschaftlichen Grundstücken und Gebäuden und bei den vermieteten Häusern gering; sie werden groß bei den gewerblichen Unternehmungen jeder Art. Das Wissen und die Macht der Steuerorgane versagt beim beweglichen Kapitale, beim Besitz von Wertpapieren und da fast vollständig. An dieser Klippe scheiterte mancher Versuch der österreichischen Steuergesetzgebung. Die finanziellen Resultate des jetzt geltenden Erbsteuergesetzes vom Jahre 1850 sind nach dieser Richtung kläglich. Der dem Reichsrate vorliegende Gesetzentwurf zeigt keine wesentlichen Verbesserungen der Technik; mit der Androhung des Manifestationseides bessert man keine schlechte Steuermoral. Auf den interessanten Versuch, die Steuerbefraude bei der Erbsteuer im Wege der gegenseitigen Rechtshülfe der Staaten zu bekämpfen, habe ich im Finanz-Archiv[2] aufmerksam gemacht. Schanz hat den zwischen England und Frankreich geschlossenen Vertrag zum Anlaß genommen, um „die Bekämpfung der Erbschaftssteuerhinterziehungen in Frankreich"[3] durch ein Jahrhundert darzustellen. Die ungeheuren Massen der Staatsschulden, die in dem Besitze der Privatwirtschaften als Gläubiger des Staates arbeitsloses Einkommen gewähren, schlüpfen durch bei der Besteuerung des Einkommens, des

---

[1] Meiner Anschauung: Behrnauer, Der Streit um die Steuerhinterziehungen in Preußen, in diesem Jahrbuche, 34. Jahrg. (1910), S. 1581 ff. Die Arbeit konnte ich bei der Korrektur nicht weiter benützen.

[2] XXV. Jahrg., 2. Bd., S. 389.

[3] Finanz-Archiv XXVII. Jahrg., 1. Bd., S. 134.

Vermögens und der Erbschaft. Ab und zu zwingt der offene erb=
lasserische Wille die Erben zur Wahrheit, da und dort nötigen die
Lage des Nachlasses und die Verhältnisse der Erben bei der gesetzlichen
Erbfolge zu richtigen Bekenntnissen. Dann kann der Staat eine Nach=
besteuerung des erblasserischen Einkommens vornehmen. Je fried=
fertiger die Familienverhältnisse der Erben liegen, je kräftiger der
Familiensinn ausgebildet ist, desto stärker erscheint die Verheimlichung
des Erbgutes und desto erfolgreicher der Kampf um die Erbsteuer.
In der ganzen Welt steht der Staatskredit dem staatlichen Interesse
näher als die gerechte Besteuerung. In den Bankschrank, in das
Depot der in= und ausländischen Bank führt für Dritte kein Weg.
Die internationale Bekämpfung des Finanzunrechtes ist vorläufig der
einzige Weg, um den Kapitalbesitz an öffentlichen Schuldforderungen
der Besteuerung zu stellen. Bis dahin bleibt der Zufall, die Denunziation,
die Dummheit und Unwissenheit der Steuersubjekte das letzte Glied
in der Kette, um der Wahrheit in der Besteuerung zum Recht zu
verhelfen. Die Theorie hat die Schwierigkeiten nie verkannt; die
Praxis der Besteuerung hat sie unterschätzt. Die Schwierigkeiten
bei der ziffernmäßigen Ermittlung der Höhe des Einkommens und
des Vermögens werden immer größer, „je höher Einkommen und
Vermögen werden und je mehr sie sich qualitativ differenzieren, je
beweglicher das ganze Wirtschaftsleben, je veränderlicher die Pro=
duktionstechnik wird und je mehr das Prinzip des Individualismus
in der wirtschaftlichen Rechtsordnung durchdringt"[1]. Diese über=
menschlichen Schwierigkeiten kennt Fuisting nicht; er verlangt Tat=
sachen, wenn der Staat der Steuererklärung keinen Glauben schenkt;
er fordert den ziffernmäßigen Nachweis für die Steuerfestsetzung.
Die Bekenntnisse sind nach bestem Wissen und Gewissen abzugeben;
ihre Unwahrheit steht unter Rechtsfolgen; die Präsumtion spricht
für die Richtigkeit, der Staat hat die Unrichtigkeit zu beweisen.
Wo er es kann, wird der Streit bald beendet sein. Den Steuer=
organen fehlt nichts als das Allwissen. Was sie wissen können, und
das wieder nur beschränkt, ist die Lebensweise und der Aufwand der
Steuersubjekte, die Tatsachen, die sich ermitteln lassen, schlecht und
recht, wie es in der geltenden Wirtschaftsordnung eben möglich ist.
In dieser Beweisfrage liegt der ganze Jammer der Praxis. Der
Staat kann nur beweisen, daß die Steuererklärung mit der ökonomischen
Lage der Steuerkräfte nicht übereinstimmt. Das Bekenntnis würde

---

[1] Wagner, Finanzwissenschaft, II. Bd., S. 611.

damit bedenklich; der Steuerpflichtige hätte die Richtigkeit des Bekenntnisses zu beweisen. Es ist der schwächste Punkt auf der juristischen Seite, wenn Fuisting die Beweislast für das Steuerverfahren bestreitet, weil es an einem Prozesse fehlt. Ist dem Administrativverfahren die Beweislast wirklich fremd? Der Rechtsschutz des Oberverwaltungsgerichtes geht weiter. Ihm erscheint auch in solchen Fällen, bei denen „die Feststellung des Einkommens mit besonderen Schwierigkeiten verbunden ist, nicht statthaft, an die Stelle der quellenmäßigen Ermittlung des Einkommens das auf Grund des Verbrauches geschätzte Gesamteinkommen zu setzen." Lebensweise und Aufwand gewähren einen „Anhalt", lassen sich mit verwerten; hierüber hinaus haben Aufwand und Verbrauch eines Steuerpflichtigen für die Veranlagung zur Einkommensteuer keinen Wert, sie dürfen „keine Bedeutung gewinnen, wenn anders nicht die Summe des Verbrauchs das Steuerobjekt bilden soll, was der Gesetzgeber gerade nicht gewollt hat." Das letzte Argument ist natürlich richtig, aber recht billig; wir suchen und besteuern selbstverständlich das Einkommen, nicht den Aufwand. Die Praxis, die sich auf keine andere Tatsache als auf die der Nichtübereinstimmung von Bekenntnis und Aufwand berufen kann, hat den Prozeß verloren.

Wir sehen, die wirtschaftliche Frage tritt immer mehr zurück und wird zu einer formalistischen. Wir kennen diese Methode aus einem anderen Teile des Finanzrechtes. In den Verkehrssteuern blüht sie, da zum Nachteile der Steuerpflichtigen. Diese juristisch-logische Methode, die aus Frankreich kam, fragt nicht nach dem wirtschaftlichen Effekt, sondern sie hält sich „nach Eleganz und Feinheit rechtswissenschaftlicher Kasuistik" an das zivilrechtliche Geschäft[1]. Zur Illustrierung der Tendenz wählen wir noch ein charakteristisches Beispiel. Juristisch und logisch unanfechtbar erscheint der Satz, daß die Quelle des Einkommens festgestellt und nicht präsumiert werde; wenn ihr Bestehen nicht ermittelt werden kann, ist die mutmaßliche Schätzung ausgeschlossen.

Das Bestehen einer Quelle selbst ist der bloßen Mutmaßung entzogen. Hören wir die Anwendung, den Rechtsfall! In einer Entscheidung der Berufungskommission wird davon ausgegangen, daß dem Steuerpflichtigen der Beweis obliege, wenn er behauptet, er besitze infolge Verbrauches **sein früher besessenes und versteuertes Kapitalvermögen nicht mehr**, oder es sei in der früheren

---

[1] Vgl. meine Besprechung: Finanzarchiv XIV. Jahrg., 1. Bd., S. 461 ff.

Höhe nicht mehr vorhanden. Die Kommission verlangt den Nachweis und will bis zur Erweisung mit dem Einkommen daraus rechnen. Ich meine, daß jeder Prozessualist die Beweisbedürftigkeit der Tatsache und die Beweisführung durch denjenigen, der die Behauptung aufstellt, anerkennen wird. Man sollte auch meinen, daß der Beweis des Verlustes durch unglückliche Spekulation, durch ein kostspieliges Liebesverhältnis, durch eine Lebensführung über das Einkommen hinaus, die das Vermögen angreift, möglich wäre. Das Plenum der Steuersenate[1] entscheidet anders; es meint, daß dem Steuerpflichtigen der fast unmögliche Beweis der Negation auferlegt werde. Dies wäre unzulässig. „Vielmehr gilt uneingeschränkt, mithin auch für das Einkommen aus Kapitalsvermögen, der Rechtsgrundsatz, daß die Behörde ohne bestimmte tatsächliche Unterlagen das Bestehen einer nicht zugestandenen Einkommensquelle oder einer solchen in weiterem als dem zugestandenen Umfange nicht annehmen darf." Viel kürzer als dieser Rechtssatz ist die Begründung. Das Verfahren „bei der Veranlagung und in der Berufungsinstanz wird von dem Prinzip der amtlichen Ermittelungspflicht beherrscht. Dies ergibt sich aus den allgemeinen gesetzlichen Vorschriften über das steuerpflichtige Einkommen und seine Ermittelung für die Berufungsinstanz, insbesondere aus § 43 E. G. im Zusammenhange mit jenen Vorschriften, wonach die Steuerbehörde das zur Anwendung des Gesetzes erforderliche tatsächliche Material von Amts wegen zu beschaffen habe." Das Veranlagungsverfahren darf die Einkommensteuer nicht zu einer Extrabelastung für die Ehrlichen machen. Das aber ist die unausweichliche Folge, so sagt Robert Meyer, der Verfasser des bekannten Werkes: Die Prinzipien der gerechten Besteuerung, wenn die Beweislast allzusehr zu Lasten der Veranlagungsorgane verschoben wird[2].

Zu den verdienstvollsten Untersuchungen in der Dogmatik der Einkommensbesteuerung gehört die scharfe Gegenüberstellung der Lehre von der Ermittlung des Einkommens auf dem Wege der Berechnung und Schätzung[3]. Die Ermittlung durch Berechnung ist die Feststellung des wirklichen Betrags auf Grund vollständiger und sicherer zahlenmäßiger Unterlagen, Schätzung die Veranschlagung des wahrscheinlichen Betrages ohne solche Grundlagen. Es ist ein Rechtssatz

---

[1] E. in St. X, 49 ff.
[2] Zeitschrift für Volkswirtschaft, Sozialpolitik u. Verwaltung, XII. Bd. S. 127.
[3] Vgl. Rechtsschutz, S. 56.

voller Weisheit und bester Rechtsschutz gegen Willkür, wenn die Schätzung in dem engeren Sinne nur als das letzte Hülfsmittel zur Feststellung des Einkommens charakterisiert wird. Es ist Fuistings Geist, wenn das Oberverwaltungsgericht die Schätzung unbeugsam ausnahmslos nur dort zuläßt, wenn und soweit das Mittel der Berechnung versagt. Fuisting verfehlt aber den Schuldigen, wenn er die Steuerorgane beschuldigt, „bei der alten, bequemen und deshalb liebgewonnenen" Schätzungsmethode des alten Gesetzes auch unter der Herrschaft des neuen zu beharren. Diese Anklage widerstreitet den Regeln vernünftiger und praktischer Geschäftsführung. Auch dem fiskalischen Organe wird doch die Tätigkeit der einfachen Annahme eines richtigen Bekenntnisses mit einer plausiblen Unterlage willkommener sein, als die Veranschlagung des wahrscheinlichen Betrages, die erst gesucht und begründet werden muß. Bei den Wertschätzungen, wie sie Fuisting nennt, bei der Ermittlung des Mietwertes der Wohnung im eigenen Hause, des Wertes von Naturalbezügen, der Höhe von Abschreibungen usw., da liegen die Dinge relativ einfach für den Staat und das Steuersubjekt. Bei den Ersatzschätzungen — da fehlt es an Unterlagen, an Voraussetzungen für eine ziffernmäßige Feststellung. Diese müssen nach Fuistings Lehre bei einer modernen Einkommensteuer Notbehelf oder, wie das Oberverwaltungsgericht sagt, das letzte Hülfsmittel bilden. Fehlt es bei dem Steuersubjekte an gutem Willen, so reicht die ganze Fülle staatlicher Macht nicht aus, um in die nicht offen liegende Privatsphäre einzudringen. Der Wille des Steuerpflichtigen ist, seitdem es Steuern gibt, schlecht; er wird nicht besser trotz zunehmender Kultur, trotz der großen Fortschritte, weil neben anderen Einflüssen die Steuerbedürfnisse der Staaten in schnellerer Progression wachsen.

Fuisting überschätzt die staatliche Kraft. Da und dort mag aus Bequemlichkeit die oder jene Erhebung nicht gepflogen worden sein; da und dort könnte ein kluger, ökonomisch versierter Vorsitzender der Kommission der wirklichen Einkommensziffer näher kommen oder sie ziffernmäßig berechnen; aber bei der durch und durch privatwirtschaftlich ausgebildeten Rechts- und Wirtschaftsordnung verliert der Staat, je größer er wird, desto mehr die Fähigkeit, das Einkommen seiner Untertanen ziffernmäßig zu bestimmen.

Und so bleibt als Universalmittel die Schätzung übrig und man mag es beklagen, von welcher Seite man es anschaut; so wie die Dinge rechtlich und wirtschaftlich liegen, herrscht die Regel:

"Was sich nicht anders finden läßt,
Das stellt man leicht durch Schätzung fest"[1].

Der Verpflichtete, der wegen Überschätzung die Beschwerde ergreift, hat gute Aussichten auf Erfolg. Das Mittel, das uns die Theorie[2] empfiehlt, verfängt nicht; die Einsteuerung von Amts wegen soll nicht niedrig sein, wenn das Bekenntnis nicht überreicht oder im Verfahren Rede und Antwort geschickt vorgebracht wird. Ist es nicht das allereinfachste, die Wechselrede abzukürzen und sich hinter Unkenntnis der Tatsachen zu verschanzen? Ob juristisch die Interpretation des Gesetzes durch das Oberverwaltungsgericht richtig ist, ob Fuistings Auslegungsregel in der Theorie die finanzrechtliche Anerkennung gewinnen wird, ist hier nicht zu erörtern. Nur eine Bemerkung sei mir gestattet. Gerlach hat in einem Aufsatze „Zehn Jahre Rechtsprechung des Oberverwaltungsgerichtes in Staatssteuersachen"[3] die Tätigkeit dieses Gerichtshofes mit aller Berechtigung in hohem Grade anerkannt. Aus der Rechtsprechung hebt er den Rechtssatz über den rein subsidiären Charakter der Schätzung als die durchgreifendste Entscheidung hervor. Gerlach betont besonders, daß dieser Grundsatz im Gesetze nicht ausdrücklich anerkannt ist, sondern nur aus dem Geiste des Gesetzes und aus dem Zusammenhange seiner Vorschriften herzuleiten sei. Der Geist des Gesetzes, das Leitmotiv für die Veranlagung kann nach meiner Überzeugung kein anderes sein, als materielle Wahrheit über das Einkommen zu ermitteln. Ich mußte die Praxis des Oberverwaltungsgerichtes in meine Untersuchung einbeziehen, weil sie dem Rechtssubjekte einen ausgiebigen Schutz gewährt und die Stellung in dem Steuerentlastungskampfe zu einer festen macht. Indem das Recht des Individuums über den Staat gestellt wird, bleibt die Privatwirtschaft Siegerin. Ein starker Geist öffentlicher Moral kann bei einseitiger, rein privatwirtschaftlicher Gestaltung des sozialen Ernährungsprozesses nicht vorhanden sein, also auch die Unredlichkeit des Steuerbekenntnisses nicht verhindern[4]. Die große Mehrzahl der Steuerkräfte ist so klein, daß genaue Einschätzung einer jeden gar nicht möglich ist. Was man nicht kennt, kann man auch nicht schätzen. Der Satz gilt nicht nur in dem Sinne, in dem ihn Fuisting anwendet; die Steuer-

---

[1] Fuisting, S. 212.
[2] Schäffle, Die Grundsätze der Steuerpolitik, S. 277; Vocke, Abgaben, Auflagen, S. 320.
[3] Preuß. Verwaltungs-Blatt, Jahrg. XXIII, S. 787.
[4] Schäffle, Die Grundsätze der Steuerpolitik, S. 172.

behörde soll bei Vornahme der Schätzung über ausreichende tatsächliche Grundlagen verfügen. Ja, wenn sie vorhanden wären! Aller Streit wäre beendet. Die Schätzung ist schlecht, weil die staatlichen Organe die Grundlagen nicht kennen und auch nicht imstande sind, sie zu kennen. Durchschnittlich das Richtige zu treffen, das wäre ein glänzendes Resultat.

Ein vorsichtiger Mann, der Berichterstatter im Herrenhause über die Novelle vom 18. Juni 1907[1] sagt, daß der Erfolg der Auskunfterteilung der Arbeitgeber ein ganz unerwarteter gewesen. Es hat sich nämlich in der Praxis herausgestellt, daß die bisherige Schätzung nach gewissen Durchschnittssätzen ihre großen Mängel gehabt hat. Nach diesen hat man ganze Arbeiterkategorien eingeschätzt. Einzelne Arbeiter sind überschätzt worden; in der Hauptsache scheint man bei den Schätzungen zu niedrig gegriffen zu haben; denn es sind ganz ungewöhnliche Steuererhöhungen zum Vorschein gekommen. Glaubt denn im Ernste jemand daran, daß der Staat mit all seinem Wissen und Kennen — also in der Regel nach bloßen äußeren Merkmalen und Erscheinungen — ein Einkommen von 1500 Mk. von jenem von 1800 oder 2100 Mk. unterscheiden kann. Die äußere Lebensführung eines Zensiten, der ein Einkommen von 30 000 Mk. hat, wird sich von jener eines zweiten mit einem Einkommen von 40 000 Mark nicht wesentlich anders gestalten. Und daran wird sich in der Hauptsache bei dem gegenwärtigen Stande der Dinge, wie wir sie geschildert haben, wenig ändern lassen. Gewiß wäre es von Nutzen, wenn die Veranlagungsbezirke kleiner wären, die Arbeit in den Kommissionen intensiver und ernster geleistet würde. Ob es für beide Teile und die Sache vorteilhaft wäre, wenn die Vorsitzenden ihre Pflicht strikter erfüllen, mehr die Kommissionen und weniger das Bureaupersonal arbeiten lassen, das möchte ich bezweifeln. Die Massenarbeit, die tagtäglich wiederkehrt, von den Vorsitzenden oder juristisch gebildeten Beamten besorgen zu lassen, wäre unökonomisch. Die Individualveranlagung von Hunderttausenden oder gar Millionen ist technisch unmöglich. Wir haben ja gesehen, daß die wenigen Straffälle zu ihrer Beendigung eine unglaublich lange Zeit in Anspruch nehmen. Wir wissen aus dem Studium der Entscheidungen, daß selbst der Strafrichter in dem individuellen Falle die materielle Wahrheit oft nicht feststellen kann, der schlaue Defraudant durchrutscht, trotzdem mit dem vollen Apparat, mit der Technik des Straf-

---

[1] Verhandlungen des H. H., S. 278.

prozesses gearbeitet wurde. Es ist kein glücklicher Gedanke, den man so oft in der Literatur wiederfindet, den ganzen unerfreulichen Zustand durch parteimäßiges Verfahren vor einem Richter auszugestalten, vor dem Steueranwalt und Steuersubjekt als Parteien erscheinen. Was heute die Steuerkommissionen und die übrigen Veranlagungsorgane nicht wissen, davon wird der Staats- oder Steueranwalt die Kenntnis nicht besitzen und nicht zur Verhandlung mitbringen. Die Tatsachenkenntnis entscheidet. Deshalb ist die Stellung der Steuersubjekte eine feste, stellenweise eine uneinnehmbare. Die staatlichen Kräfte reichen für den Kampf nicht aus. Was erreicht der Staat mit all den Mitteln, die Fuisting so hart tadelt? Einige Erfolge im Beanstandungsverfahren, eine Kleinigkeit durch die Strafen und die Nachbesteuerung. Dagegen stehen die materiellen Mißerfolge im Rechtsmittelverfahren und die weit schlimmeren, die moralischen Wirkungen des Kampfes. Die Steuerkräfte werden sich, je länger der rechtswidrige Zustand dauert, desto mehr ihrer Stärke und der staatlichen Schwäche bewußt. Sie nützen ihre Stellung aus. Nichts korrumpiert so sehr, als das Durchschlüpfen bei der Steuer. Anfänglich versucht man es mit kleineren Beträgen, dann mit größeren. Der Versuch gelingt bei der Einkommensteuer, das nächste Mal bei einer Verkehrssteuer von Rechtsgeschäften; der Versuch lohnt bei der Erbsteuer. Das Moralische versteht sich im Steuerrechte nirgends und niemals von selbst. Das Strafrecht versagt seine Wirkung; das hat das Publikum bald weg. Was v. Wieser in seiner schönen Schrift „Die Ergebnisse und Aussichten der Personaleinkommensteuer in Österreich"[1] so fein bei der österreichischen Veranlagung beobachtet und dargelegt hat, gilt überall, wo die Technik des preußischen Strafrechtes gilt. „Was immer die Ursachen sein mögen, weshalb nicht gestraft wird, die Tatsache, daß nicht gestraft wird, hat ihre Wirkung bereits geübt, die Bekenntnisse gehen zurück, statt vorwärts; ... das heilsame Bangen vor dem Gesetze, so lange es neu und seine Anwendung noch nicht erprobt war, ist geschwunden. Wie oft kann man nicht im Publikum das Bedauern äußern hören, daß man ‚so dumm' war, ehrlich zu fatieren, während sich nun zeige, daß so viele andere ganz ungenügend einbekannt hätten und unbeanstandet davon gekommen wären". Als der Entwurf des österreichischen Personalsteuergesetzes für die Einkommensteuer die preußische Type rezipierte, haben wir in der ersten Auflage des österreichischen

---

[1] S. 131.

Staatswörterbuches (Artikel Gefällsstrafverfahren) vier Jahre vor der ersten Veranlagung die Behauptung aufgestellt, daß mit diesem Strafrechte die Steuermoral nicht gebessert werden kann. Die Entwicklung hat uns recht gegeben, mehr als es patriotisches und sozialethisches Empfinden freuen kann.

VI.
Rückblicke.

Die Positionen der Steuerkräfte sind bei der Kategorie der Festbesoldeten schlechte; der Staat dominiert; es gibt keinen Kampf. Bei den übrigen Arten des Einkommens sind die Stellungen der Steuerkräfte, wie wir gesehen haben, gute, bei einzelnen Arten des Einkommens unzugängliche. Der Kampf löst sich auf in ermüdende Beobachtungen, Angriffe gegen die einzelnen Stellungen; es ist ein Kleinkrieg, in dem der Staat über taktisch geschulte Kräfte verfügt. Die Organe üben sie in der tagtäglichen Praxis. Die Fälle, in denen um die Steuergrundlage gestritten werden muß, sind der Zahl nach aber so viele, daß die gute Kraft einer zu großen Zahl von Gegnern gegenübersteht. Die Erfolge gegenüber den Massen sind natürlich nicht so bedeutende, daß der Staat dauernd Sieger bleibt. Er wirft sie nicht nieder, er drängt sie etwas zurück; im folgenden oder zweitnächsten Jahre beginnt der Kampf von neuem mit denselben Zensiten und mit den nachfolgenden. Am wenigsten kann uns das Resultat unserer Untersuchung in dem Punkte befriedigen, daß alle Mühe, Arbeit und Verdruß an der Hauptziffer der Veranlagung nicht viel ändert und dieses wenige in keinem Verhältnisse zu dem Aufwande steht, den Staats- und Steuerkräfte machen müssen. Das Steuerergebnis betrug im Jahre 1906 216,79 Millionen; davon kamen auf die Einkommen über 3000 Mk. 140,97 Millionen. Bemängelt und berichtigt wurde ein Teil der Steuer, nämlich die Summe von 31,32 Millionen; es blieben fast 110 Millionen unbeanstandet. Das Resultat der ganzen Mühe und Plage besteht in den zahlreichen Beanstandungen, also gegenüber den Steuererklärungen, in einem Mehrertrage von nicht vollen 8 Millionen, der durch den Abgang infolge berücksichtigter Rechtsmittel in allen Einkommenstufen um 3,728 Millionen kleiner wurde. Dazu kommen auf die Aktivseite 304000 Mk. an Strafe und 153000 Mk. an Nachsteuer. Im Verhältnisse zu dem Endresultate lohnt also der Kampf nicht. Die Einzelkämpfe haben aber auch nichts Erhebendes; sie bessern die

Moral nicht. Der Staat arbeitet mit den kleinen Mitteln der Technik, mit den Massen der Beanstandungen, mit den Hinaufsetzungen. Damit drängt er auch die anständigen Steuerkräfte zu den Rechtsmitteln. Es ist der Kampf! Wem Unrecht geschieht, der muß sein Recht erstreiten. Das eine Moment wird diese Untersuchung ohne jeden Zweifel festgestellt haben; es sind keine friedlichen Beziehungen und Verhältnisse.

Das Veranlagungsverfahren kann wegen der Massen, so sagt man bisher, nur ein summarisches, ein mechanisches sein. Das führt zu der Reformfrage, die kleinen Steuerträger aus der Einkommenbesteuerung auszuscheiden und die Einkommenssumme, von der die Besteuerung beginnt, auf 1500 oder 3000 Mk. hinaufzusetzen. Man befreit die Veranlagungsorgane von der Verarbeitung der großen Masse von Fällen. Dahin geht auch der Zug der Literatur. Ich nenne nur einige hervorragende Schriftsteller: v. Mayr, Cohn und Fuisting.

Überprüft man objektiv die Gründe, so scheint mir die Schwere der Argumente, die dagegen sprechen, größer zu sein. Ich kann sie hier nur aneinanderreihen; ich brauche sie namentlich in dem Hauptpunkte nicht zu begründen, weil die Unvollkommenheit der indirekten Steuer, die als Abgabe des kleinen Mannes übrig bleiben soll, von den besten Männern der deutschen Wissenschaft bewiesen wurde.

Die gerechte Besteuerung muß der Theorie und Praxis das hohe, heilige Ziel bleiben.

Daran kann nicht viel ändern, daß das Ideal fast nur in der Wissenschaft postuliert wird. Für die großen Gleichheitsbestrebungen hat die Menschheit gekämpft; für das gleiche Opfer bei der Steuer erwärmen sich die Massen noch heute nicht. Der Sozialismus hat kraftvoll die Bewegung gegen die indirekten Steuern eingeleitet; die Sozialdemokratie steht aber heute trotz aller Programme praktisch auf dem Standpunkte, daß „Steuern Dinge" sind, die „die Bourgoisie sehr, die Arbeiter aber nur sehr wenig interessieren"[1]. Für das gleiche Opfer kämpfen nicht die großen demokratischen Republiken, deren Steuerverfassung eines kapitalistischen Staates würdig wäre. Von der Richtigkeit der Lehren der klassischen Finanzwissenschaft können uns auch die deutschen Streitschriften zur Reichsfinanzreform nicht abwendig machen[2]. In diesen haben die Personalsteuern manche

---

[1] Die Reichsfinanzreform. Ein Führer. I, S. 42.

[2] Den Stillstand der Finanzwissenschaft in den letzten Jahren habe ich oft genug betont. Er zeigt sich deutlich in der Reformliteratur. Es ist mir

Anfechtung erlitten; sie haben im großen und ganzen von ihrer theoretischen Wertschätzung etwas eingebüßt. Es ist nicht schwer, die Ursache festzustellen. Jeder Reformvorschlag soll durchführbar sein. Abgesehen von der staatsrechtlichen Frage erscheint die Technik der direkten Personalsteuern die schwierigere, die unerschlossene, die der indirekten Steuer, namentlich von Bier, Branntwein, Tabak und der anderen die einfachere und erprobte. Und wie es in Hast und Drang geht, die berühmten Muster müssen helfen. „Durch die Besteuerung von Bier und Branntwein und Tabak hat der liberale Gladstone die Weltmacht des britischen Reiches untermauert!"

Näher als Gladstone steht uns Schäffle, der es „schimpflich" findet, aus Bier, Branntwein, Tabak, Petroleum Millionen und Millionen und immer wieder aufs neue herauszuschlagen und den Luxus der Reichen und Reichsten unberührt zu lassen.

Soviel von dem Hauptpunkte. Unsere großen Meister haben es besser und eindringlicher gelehrt; hier war nur die Richtung, der richtige Weg zu betonen.

Von der technischen Seite sind mehrere Punkte hervorzuheben. Die Frage steht anders, wenn die Einkommensteuer in einem Staate erst eingeführt wird. Die Organe können da ihre volle Arbeitskraft den größeren Einkommen zuwenden; die Massenarbeit erdrückt nicht; der Blick muß frei bleiben; er darf durch die Masse nicht müde werden, nicht zu oft abirren. In Preußen hat die alte Steuer in dieser Richtung der neuen vorgearbeitet, ein wesentliches Verdienst der alten Steuer und Veranlagung! Die Methode ist trotz des neuen Gesetzes und des ihm beigelegten Geistes bei dem Einkommen unter 3000 Mk. in der Hauptsache die gleiche geblieben. Wir haben es bewiesen; eine andere Erhebung, die individuelle, ist unmöglich. Und erscheint dies als so grober Fehler? Summarisch und mechanisch war sie und mußte so bleiben. Was kann bei den kleinen Wirtschaften übersehen werden? Eine oder zwei Stufen; lohnen die, auch wenn es praktisch möglich wäre, die Arbeit? Aber die vielen Berufungen und Beschwerden? Die Zahl der Rechtsmittel war bei der alten Steuer, die nicht drückend war, die es den Steuerkräften so leicht gemacht hat, eine ebenso überraschend große. Wir wissen, daß das zugefügte Unrecht gute Aussicht auf Erfolg in den oberen Instanzen besitzt. Die Klagen und die große Zahl der eingelegten

---

eine erfreuliche Genugtuung, daß Schmoller das Zurückbleiben der Finanzwissenschaft „in ihrer Ausbildung hinter der Volkswirtschaftslehre" feststellt. (Vgl. Skizze einer Finanzgeschichte usw., a. a. O. S. 8.)

Rechtsmittel können uns also nicht bewegen, das richtige Prinzip zu verlassen.

Und endlich der steuerpolitische Standpunkt! Die Steuer aus den Einkommen unter 3000 Mk. betrug im Jahre 1892 32 835 100 Mk., im Jahre 1906 60 446 200 Mk. Auf diese Summe kann die Staatswirtschaft nicht verzichten. Was aber leicht erreicht werden kann, ist eine mildere Praxis bei der Einschätzung der kleinen Steuerträger. Den Eindruck kann der objektive Beobachter nicht ganz verwischen, daß in diesen kleinen wirtschaftlichen Kreisen die Steuerschraube stärker arbeitet als in den oberen, namentlich beim Einkommen aus der Landwirtschaft, da vielleicht nicht unbewußt, und beim Einkommen aus mobilem Kapitale, da wahrscheinlich im Bewußtsein der Erfolglosigkeit. Die Beanstandungen lassen vielfach Erörterungen und Berichtigungen zu, wo dieses Verfahren eingestellt und das des strengen Rechtes weiter sprechen müßte[1]. Die Gründe dafür, daß so wenig gestraft wird, liegen neben der Heimlichkeit gewisser Einkommensquellen im Gesetze und in der Strafgerichtsbarkeit, der die Eignung fehlt. Ich hege aber keine Zweifel, daß trotzdem die Zahl der Straffälle wesentlich beeinflußt wird durch die Praxis, wie sie unter dem alten Gesetze bestand, und durch die praktischen Erwägungen, die wir oben dargelegt haben. Da steckt der Fehler des Gesetzes und der Veranlagung, da liegt das große Hindernis. Es kann nach meiner Anschauung nicht stark genug betont werden. Wir sagten, der Kampf um die Steuer, wie er vor uns liegt, trage nichts Erhebendes an sich. Man empfindet nicht das Gefühl der reinigenden Nachwirkung. Die Genugtuungen der Ehrlichen, daß dem Unrechte die Strafe folgt, daß die Strafe als Mittel zum Zwecke wirkt, bessernd, abschreckend, zur Sicherung der Rechtsordnung, zum Schutze der Rechtsgüter der Finanz, werden uns nicht zuteil. Das Strafrecht der indirekten Steuern ist ethisch, rechtlich und technisch ein einfacher Mechanismus gegenüber dem der Einkommensteuer. Auf der anderen Seite sind hier die besserungsbedürftigen Elemente besserungsfähig. Sobald nur tatsächlich dem Unrechte die Strafe folgt, wirkt die Strafe des anderen dann heilsam auf die ganze Schichte der hohen und höchsten Einkommen. Der Besserungsprozeß würde sich bald vollziehen.

---

[1] Vgl. Mitteilungen Nr. 40, S. 96 u. 97; für das Jahr 1900 wurden bei einer Unterkommission eines Veranlagungsbezirks 22 Zensiten um 1 882 291 Mk. infolge Beanstandung ohne Strafverfahren berichtigt; dort finden wir Nichtberücksichtigungen aus Spekulationsgeschäften bei den Steuererklärungen von Rentiers in der Höhe von 552 006, 150 000 Mk. usw.

Schwieriger dürfte sich die Steuermoral in den breiteren Schichten bessern. Dazu ist die „tätige Mitwirkung und innerliche Zustimmung"[1] der öffentlichen Meinung notwendig. Die muß geweckt und wach erhalten werden. Es war interessant und für den Freund des Rechtes auf diesem so lange und so arg vernachlässigten Gebiete erfreulich, zu beobachten, wie das schreiende Unrecht der Veranlagung, der freche Übermut gewisser Klassen von den „Preußischen Jahrbüchern" mit einfachen Mitteln angegriffen wurde, wie der Streitruf sich fortpflanzt in die Tagesblätter und widerhallt in Zuschriften aus der öffentlichen Meinung und aus Vereinsversammlungen.

Delbrück hat recht. „Journalistik und Wissenschaft haben gerade in solcher Lage die Pflicht, durch immer erneute Nachprüfung, Nachweisung und Darlegung des Übels die Heilung vorzubereiten und zu ermöglichen, die Regierung zugleich anzutreiben und ihr vorzuarbeiten." Die Mitwirkung der guten Elemente der sozialen Gesellschaft setzt aber voraus, daß der Staat nicht mehr fordere als die Bürger tragen können, daß zwischen Bedarf der Staats- und Volkswirtschaft eine vernünftige Verhältnismäßigkeit herrsche, daß Reich, Staat und Gemeinde nicht mehr verlangen als die Steuerkraft leisten kann. Die Bedürfnisse der öffentlichen Körperschaften zeigen in unseren Tagen eine Wachstumstendenz, mit der die Zunahme des kleineren und mittleren Einkommens nicht gleichen Schritt halten kann. Wagners[2] Meinung ist voll zuzustimmen, daß hohe und höchste Einkommen und Vermögen sich in der Gegenwart in größerer Zahl und Umfang zeigen als früher. „Die oberen und obersten Schichten stellen eine neue Plutokratie dar, wie sie die Welt in diesem Umfang und in dieser Stärke und in dieser Vermehrungstendenz" nie gesehen hat. Zu diesen großen und größten Einkommen können wir wegen der Mängel unserer Technik weder direkt noch indirekt, schwer oder gar nicht gelangen. Da bleiben wir wieder vor der Türe der Steuergerechtigkeit stehen. Wir können die steuerliche Gleichheit, die sozial und ethisch ausgeglichene Belastung nicht erreichen. Wir kommen an die Ziffern des Gesamteinkommens eines Volkes nicht heran. Wir haben die Lücken und Mängel der Veranlagung des richtigen steuerpflichtigen Einkommens der einzelnen Zensiten kennen gelernt. Wagner[3] tröstet uns. Die Fehler werden kleiner,

---

[1] v. Wieser, a. a. O. S. 141.

[2] Vgl. neuestens, in der Internationalen Wochenschrift, 1910, Nr. 43, S. 1344.

[3] Materialien zur Beurteilung der Wohlstandsentwicklung Deutschlands im letzten Menschenalter. (Denkschriftenband III, S. 123.)

"mit größerer Strenge des Veranlagungsverfahrens, mit größerer Wirksamkeit der Steuerkontrollen — Strafandrohungen — und des Gewissens der Zensiten in Steuersachen." Wir haben die kranken Teile des Organismus dargelegt und gesehen, daß mit den angeführten Heilmitteln dem Schwächezustande nicht beizukommen ist. Die Strenge des Veranlagungsverfahrens findet ihre Grenzen in der beschränkten Kraft der Veranlagung, in der Gegenreaktion der Steuerkräfte und in den Rechtssprüchen des Verwaltungsgerichtes. Die "Strenge des Veranlagungsverfahrens" kommt mit der vom Gesetz aufrecht erhaltenen Freiheit der privatwirtschaftlichen Sphäre in Kollision. Die Veranlagung kann nicht tief eindringen; sie stößt jeden Augenblick auf Schranken, die das Recht und die juristisch logische Interpretation des Gesetzes durch das Verwaltungsgericht ängstlich schützen.

Formell hat Fuisting, wie er die Dinge formalistisch anschaut in vielen Punkten recht. Die Veranlagung versucht sich bewußt oder unbewußt über die Schranken hinauszusetzen, weil sie anders den Gesetzeswillen, die Wahrheit nicht finden kann. Ist das aber eine solche Ungeheuerlichkeit, eine nie dagewesene Erscheinung, daß sich das Rechtsleben mit dem Gesetze in Widerspruch setzt?

Eine umfangreiche Literatur unserer Tage zeigt, daß das wirkliche Rechtsleben mit dem Rechte nicht übereinstimmt und mit ihm nicht übereinstimmen muß. Ich kann mich hier über diese Literatur und die damit zusammenhängenden theoretischen und praktischen Probleme nicht des weiteren ergehen und es genügt, auf die vorzüglich orientierende Studie zu verweisen, die Spiegel unter dem Titel "Jurisprudenz und Sozialwissenschaft[1]" veröffentlicht hat. Auf die Einkommensteuer angewendet, müssen wir nach unserer Untersuchung sagen, daß der Staat die Macht nicht hat, durch sein Gesetz "das Rechtsleben wirklich zu beherrschen und das Recht also ausschließlich nach dem Willen des Staates zu gestalten." Das gilt nicht rücksichtlich der vereinzelten Rechtswidrigkeit; gegen diese kämpft das Recht mit seiner eigenen Rechtsfolge. "Sobald das Recht den Kampf aufgibt und die Rechtswidrigkeit ruhig hinnimmt, und zwar nicht etwa die einzelne, isolierte Rechtswidrigkeit, sondern die Rechtswidrigkeit als Massenerscheinung, zeigt es sich eben, daß die Rechtsregel, um die es sich handelt, nicht mehr gilt. Sie hat ihre Herrschaft verloren, gerade so wie ein Fürst,

---

[1] Zeitschrift für das Privat- und öffentliche Recht der Gegenwart. XXXVI. Bd. 1909.

der aus seinem Lande vertrieben worden ist." Das Einkommensteuergesetz gilt nicht, weil es von vornherein nicht imstande war, sich durchzusetzen, materielle Wahrheit über das Einkommen zu erforschen. Das Wissen der staatlichen Organe, die Macht des Gesetzes und die Verwaltung versagt, das gesetzte Recht gerät in desuetudinem. Die Verwaltung hilft sich so gut sie kann; sie kann ihre Position nicht ganz behaupten, sie tut was möglich ist. Die Einkommensteuer beruht für die größeren Einkommen auf dem Prinzipe der Selbstbekenntnisse. Diese sind zu einem großen Teil unrichtig; die materielle Wahrheit kann infolge der Dinge, wie sie liegen, nicht gefunden werden. Die Veranlagung vermeidet die Willkür, die despotische und fiskalische Härte; soweit es im einzelnen Falle geschieht, hilft der Rechtsschutz, den das Steuersubjekt genießt. Die Veranlagung kann das richtige Einkommen nicht treffen. Mit ihrer Energie und Unverdrossenheit erreicht sie durchschnittlich das Mögliche und damit nicht unser Ideal einer Einkommensteuer, wohl aber das Maß, das bei dem gegenwärtigen Gesetze, der vorhandenen Kraft der Veranlagung und bei der bestehenden Steuermoral erreicht werden kann. Es ist die Einkommensteuer auf der zweiten Stufe der Entwicklung. Die Veranlagung ist kein "Lug- und Trugsystem"; sie ist aber auch nicht das Gegenstück, ein vollendetes Werk. Die "Zukunft der Einkommenbesteuerung" liegt nicht in der Beschränkung der beschränkten staatlichen Macht, die Fuisting in seiner Verbitterung und Einseitigkeit vom hohen Richterstuhl herab fordert. Die Zukunft liegt in den friedlichen, gesunden Verhältnissen und Beziehungen zwischen Staats- und Privatwirtschaft. Der Friede kann nur einkehren, wenn das gegenseitige Mißtrauen schwindet. Dazu brauchen wir eine andere Moral und eine andere Technik!

MIX
Papier aus verantwortungsvollen Quellen
Paper from responsible sources
FSC® C105338

Printed by Libri Plureos GmbH
in Hamburg, Germany